Ingrid Stephan

Unser Büro
heute und morgen

– Modernes Büromanagement –

Arbeitsheft

8. Auflage

Bestellnummer 0250A

Inhaltsübersicht

Haben Sie Anregungen oder Kritikpunkte zu diesem Produkt?
Dann senden Sie uns eine E-Mail an 0250A@bv-1.de
Autoren und Verlag freuen sich auf Ihre Rückmeldung.

		Arbeitsblätter	Seite
1	Arbeitswelt „Büro"	1 – 15	3 – 20
2	Umweltschutz	1 – 3	21 – 23
3	Zeitmanagement	1 – 8	24 – 32
4	Postbearbeitung	1 – 12	33 – 47
5	Berufliche und schriftliche Kommunikation	1 – 11	48 – 66
6	Drucken, Kopieren, Scannen und Fotografieren	1 – 6	67 – 72
7	Informationen beschaffen, bewerten, aufbereiten, …	1 – 8	73 – 83
8	Informationen verwalten	1 – 9	84 – 96
9	Telekommunikation	1 – 23	97 – 123
10	Veranstaltungen	1 und 2	124 – 125
11	Geschäftsreisen	1 – 3	126 – 128
12	Protokoll	1	129

Bildquellenverzeichnis:

AVM Computersysteme Vertriebs GmbH, Berlin, Seite 97

Klöber GmbH, Owingen, Seite 8

www.bildungsverlag1.de

Bildungsverlag EINS GmbH
Sieglarer Straße 2, 53842 Troisdorf

ISBN 978-3-8237-**0250**-4

© Copyright 2009*: Bildungsverlag EINS GmbH, Troisdorf
Das Werk und seine Teile sind urheberrechtlich geschützt. Jede Nutzung in anderen als den gesetzlich zugelassenen
Fällen bedarf der vorherigen schriftlichen Einwilligung des Verlages.
Hinweis zu § 52a UrhG: Weder das Werk noch seine Teile dürfen ohne eine solche Einwilligung eingescannt und in ein
Netzwerk eingestellt werden. Dies gilt auch für Intranets von Schulen und sonstigen Bildungseinrichtungen.

Arbeitswelt „Büro"

Aufbau eines Büros und typische Tätigkeiten im Bürobereich

1.

Planen Sie mit Ihren Mitschülerinnen und Mitschülern eine Betriebsbesichtigung. Falls dies nicht möglich ist, befragen Sie Bekannte, Verwandte ..., die in einem Büro arbeiten, laden Sie eine/einen erfahrene/n „Büroangestellte/n" ein oder besorgen Sie einen Film.

Folgende Fragen sollten geklärt werden:

- Wie ist der Betrieb/das Büro aufgebaut?
- Wie heißen die einzelnen Abteilungen?
- Wie erfolgt die Kommunikation und Information innerhalb und zwischen den Abteilungen?
- Welche Hilfsmittel werden eingesetzt, um die Information und Kommunikation zu verbessern?
- Wie wird die Korrespondenz abgewickelt?
- Wie sind die Zuständigkeiten und Kompetenzen geregelt? In welcher Form werden sie transparent gemacht?
- Welche Aufgaben müssen die einzelnen Mitarbeiterinnen und Mitarbeiter erledigen? Beschreiben Sie dazu einen Arbeitsplatz Ihrer Wahl.
- Welche Aufstiegsmöglichkeiten haben die Mitarbeiterinnen und Mitarbeiter?
- Wie ist die Arbeitszeit geregelt?
- Verfügt die Firma über eine Corporate Identity/Culture?

2.

1. Bilden Sie Gruppen, die sich mit unterschiedlichen Fragen beschäftigen.
2. Erstellen Sie über die Ergebnisse eine Dokumentation, z. B. mit PowerPoint.
3. Präsentieren Sie die Gruppenergebnisse.

Arbeitswelt „Büro" *Arbeitsblatt 2*

> Anforderungen an den arbeitenden Menschen im Büro

1. In vielen Stellenanzeigen werden Schlüsselqualifikationen wie Leistungsbereitschaft, selbstständiges Arbeiten, Teamfähigkeit usw. gefordert.

Durchsuchen Sie in Ihrer Tageszeitung die Stellenannoncen nach diesen Eigenschaften. Sortieren Sie diese in folgende Tabelle ein:

Ergänzen Sie den fehlenden Begriff.

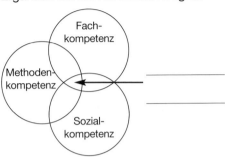

Fachkompetenz	Methodenkompetenz	Sozialkompetenz
z. B.	z. B.	z. B.

2. Von welchen Faktoren wird das **äußere Erscheinungsbild** beeinflusst?

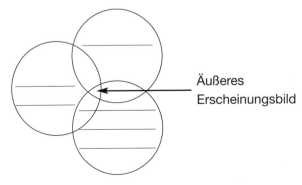

Äußeres Erscheinungsbild

Arbeitsblatt 3   Arbeitswelt „Büro"

Umgangsformen

Ergänzen Sie die fehlenden Begriffe.

Umgangsformen regeln das _____ und helfen, _____ zu vermeiden und zu bewältigen.

1.

Welche Umgangsformen empfehlen sich im Geschäftsleben?

2.

Begrüßen/Vorstellen	Gespräche	Kleidung

Arbeitswelt „Büro" Arbeitsblatt 4/1

Büroarbeitsplatz

1.

Erklären Sie folgende Begriffe:

Ergonomie: _____

_____

_____

Anthropometrie: _____

_____

2.

Frank hat eine Firma gegründet. Er hat ein Stockwerk eines Geschäftshauses für die Büroräume gemietet. Wo findet er die wichtigsten Richtlinien für die Gestaltung der Arbeitsplätze im Büro?

_____
_____
_____
_____
_____
_____
_____
_____
_____
_____
_____

3.

Das angemietete Stockwerk hat keine Trennwände, sodass sich Frank für eine Raumform entscheiden kann. Bezeichnen Sie die Raumformen und listen Sie ihre Vorteile auf:

_____
_____
_____
_____
_____
_____
_____
_____

Arbeitsblatt 4/2 *Arbeitswelt „Büro"*

4. Die Firma Seifert & Baumann KG beabsichtigt für die Abteilung „Einkauf" eine **neue Arbeitsplatzgestaltung**. In der Abteilung arbeiten:

eine Abteilungsleiterin und Sekretärin,
Team – 1: eine Übersetzerin, eine Schreibkraft
Team – 2: zwei Sachbearbeiterinnen
Team – 3: ein Sachbearbeiter, eine Sachbearbeiterin

- Besorgen Sie sich Prospekte und Preislisten von Büromöbelherstellern und machen Sie Vorschläge zur Einrichtung eines Mehrpersonen- und Kombibüros.
- Berechnen Sie die Kosten für die Büromöbel.
- Vergleichen Sie beide Raumformen.

5. Nach dem **Arbeitsschutzgesetz** ist jeder Arbeitgeber verpflichtet, für jeden Bildschirmarbeitsplatz eine Arbeitsplatzanalyse durchzuführen und zu dokumentieren.

Erklären Sie, was eine **Arbeitsplatzanalyse** ist und welche Komponenten untersucht werden müssen.

Arbeitswelt „Büro" Arbeitsblatt 5/1

Bürodrehstuhl I

1. Besorgen Sie sich Prospekte über Bürodrehstühle und beschreiben Sie die von den Herstellern angegebenen Leistungsmerkmale.

_____
_____
_____
_____
_____
_____
_____
_____
_____
_____

Beschreiben Sie die technischen Begriffe (z. B. Synchronmechanik), auf die Sie beim Studieren der Prospekte stoßen.

_____
_____
_____
_____
_____

2.
- Prüfen Sie, welche Bürodrehstühle den **DIN-Normen** gerecht werden und ein **dynamisches Sitzen** gewährleisten.
- Erstellen Sie dazu eine **übersichtliche Tabelle** in Ihrem Textverarbeitungsprogramm.

_____

3. Die Anwaltskanzlei Müller hat für das Sekretariat neue Bürodrehstühle angeschafft, die den neuesten ergonomischen Anforderungen entsprechen. Karin Klein, Auszubildende, stellt sofort fest, dass ihr Bürodrehstuhl ein **dynamisches Sitzen** ermöglicht. Sie ist begeistert, da sie im Laufe ihrer Ausbildung erkannt hat, wie wichtig ein **dynamischer Arbeitsstil** ist, um Rückenbeschwerden vorzubeugen.

Erklären Sie folgende Begriffe:

a) Dynamisches Sitzen

_____
_____
_____
_____

b) Dynamischer Arbeitsstil

_____
_____
_____

c) Sitz-Steh-Konzepte

_____
_____
_____
_____
_____
_____

Viele Beschwerden und Haltungsschäden sind trotz ergonomisch gestaltetem Drehstuhl auf falsches Sitzen zurückzuführen. Welche Ursachen sehen Sie?

4.

Richtiges Sitzen: **Ursachen für falsches Sitzen:**

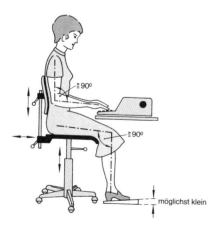

_____
_____
_____
_____
_____
_____

Arbeitswelt „Büro" — *Arbeitsblatt 6*

Bürodrehstuhl II

Der Ausbildungsbetrieb von Karin hat Bürodrehstühle angeschafft, die den neuesten ergonomischen Anforderungen entsprechen. Da sie weiß, wie wichtig die richtige Einstellung des Stuhls ist, erklärt sie die wichtigsten Einstellmöglichkeiten ihren Kolleginnen und Kollegen.

Nennen und erklären Sie kurz die **folgenden Funktionen:**

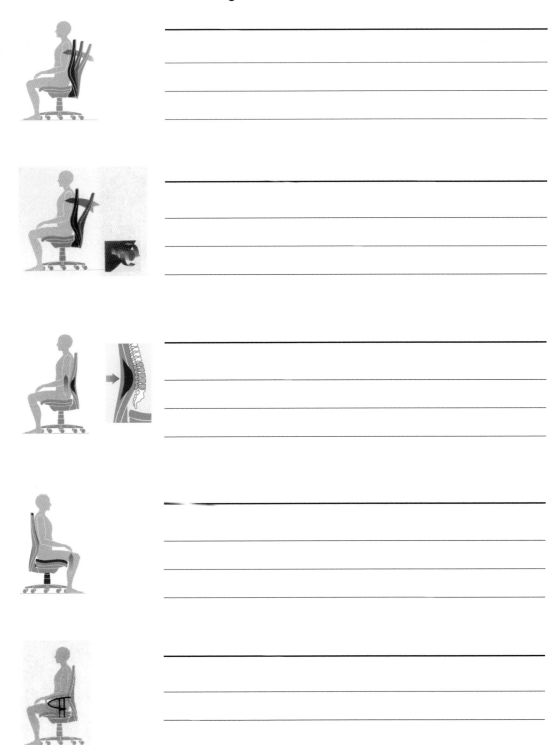

Arbeitsblatt 7 — Arbeitswelt „Büro"

1. Die Firma Allround GmbH will die neuen **EU-Richtlinien** umsetzen und die Bildschirme in ihren Büros – sofern notwendig – austauschen. Welche Anforderungen müssen an einen **ergonomischen Bildschirm** gestellt werden?

2. Sven Bauer, Mitarbeiter der Firma Allround GmbH und zuständig für die Arbeitsplatzgestaltung, findet in einem Prospekt Anregungen für die optimale Aufstellung eines Bildschirms. Worauf muss beim Aufstellen eines Bildschirms geachtet werden?

Arbeitswelt „Büro" Arbeitsblatt 8

Welche Faktoren beeinflussen die Arbeitsumgebung? Beschreiben Sie kurz die wichtigsten Bedingungen.

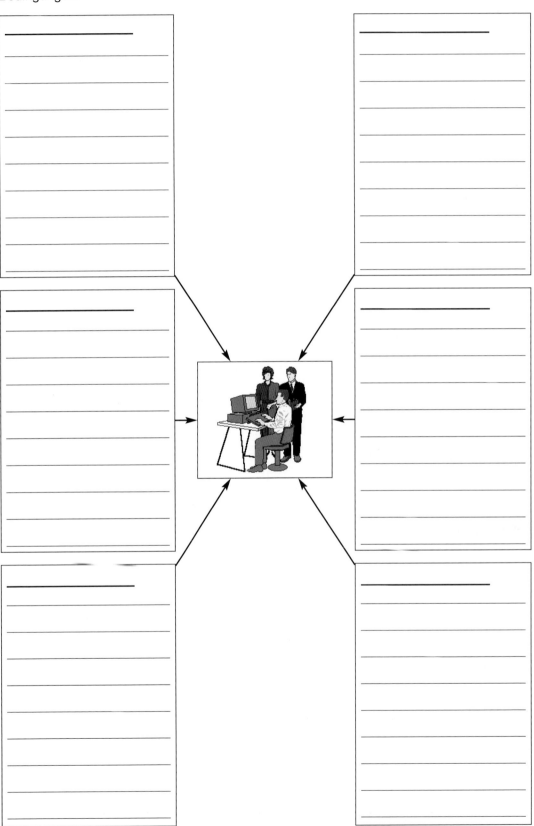

> Checkliste für den Kauf von ergonomisch gestalteten Büromöbeln

Informieren Sie sich über ergonomisch gestaltete Büromöbel und deren Preise.

Ausstattung	Vorhandene ergonomische Erfordernisse	Kosten
Stuhl *Fabrikat:* _____ _____	**Sitz und Lehne:** ☐ Höhenverstellbarkeit des Sitzes ☐ Stoßdämpfung ☐ leichte Polsterung, abgerundete und geneigte vordere Sitzfläche ☐ senkrechte Verstellmöglichkeit der Sitzfläche ☐ senkrechte Verstellmöglichkeit der Rückenlehne ☐ Pendelgelenk für bewegliche Rückenlehne für ein dynamisches Sitzen ☐ wählbare Verstellbarkeit der Lehnenfeder ☐ Drehbarkeit des Stuhloberteils ☐ Anbringungsmöglichkeit von Armauflagen **Untergestell:** ☐ mindestens fünf bewegliche Rollen ☐ kipp- und rollsichere Konstruktion ☐ Wegrollsperre in unbelastetem Zustand ☐ Sicherung gegen unbeabsichtigtes Lösen vom Oberteil ☐ maximale Ausladung des Untergestells 365 mm **Summe 1**	*Einzelpreis:* _____ *Skonto:* _____ *Rabatt:* _____
Schreibtisch 1 *Fabrikat:* _____ _____	**Bildschirmarbeitsplatz:** ☐ Tischfläche 1 600 mm · 800 mm ☐ reflexionsarme Oberfläche ☐ höhenverstellbar ☐ nicht höhenverstellbar – Höhe 720 mm	*Einzelpreis:* _____ *Skonto:* _____ *Rabatt:* _____
Schreibtisch 2 *Fabrikat:* _____ _____	**Schreibtisch:** ☐ Tischfläche 1 560 mm · 780 mm ☐ reflexionsarme Oberfläche ☐ höhenverstellbar ☐ nicht höhenverstellbar – Höhe 750 mm **Summe 2**	*Einzelpreis:* _____ *Skonto:* _____ *Rabatt:* _____

Arbeitswelt „Büro" *Arbeitsblatt 9/2*

Ausstattung	Vorhandene ergonomische Erfordernisse	Kosten
Fußstütze *Fabrikat:* _____ _____	☐ gute Stand- und Rutschfestigkeit ☐ Höhenverstellbarkeit ☐ einstellbarer Anstellwinkel **Summe 3**	*Einzelpreis:* _____ *Skonto:* _____ *Rabatt:* _____
Bildschirm *Fabrikat:* _____	☐ einstellbarer Kontrast (bei der Positivdarstellung sollte die Leuchtdichte des Zeichenuntergrundes größer sein als das 5-Fache der Zeichenleuchtdichte) ☐ blendfrei ☐ keine störenden Spiegelungen ☐ kein Flimmern und keine Verzerrungen ☐ strahlungsarm ☐ frei dreh- und neigbar **Summe 4**	*Einzelpreis:* _____ *Skonto:* _____ *Rabatt:* _____
Tastatur *Fabrikat:* _____	☐ Tastatur vom Bildschirm getrennt ☐ Bauhöhe sollte 30 mm nicht überschreiten (ab der mittleren Tastenreihe gemessen) ☐ Neigungswinkel sollte weniger als 15° betragen **Die gesunde Alternative: die ergonomische Tastatur** **Summe 5**	*Einzelpreis:* _____ *Skonto:* _____ *Rabatt:* _____ *Mehrpreis:* _____
Vorlagenhalter *Fabrikat:* _____	☐ stabile Konstruktion ☐ verstellbar ☐ Neigung zwischen 15° und 75° zur Horizontalen **Summe 6**	*Einzelpreis:* _____ *Skonto:* _____ *Rabatt:* _____
	Summe der Einzelkosten **MwSt.** **Gesamtkosten**	

Schöne neue Arbeitswelt! Das versprechen die Zeitungsartikel mit folgenden Überschriften. Informieren Sie sich in Ihrem Lehrbuch und nehmen Sie auf einem gesonderten Blatt hierzu kritisch Stellung.

1.

Welche Voraussetzungen müssen für ein Gelingen der flexiblen Arbeitswelt geschaffen werden? Erläutern Sie die einzelnen Faktoren.

2.

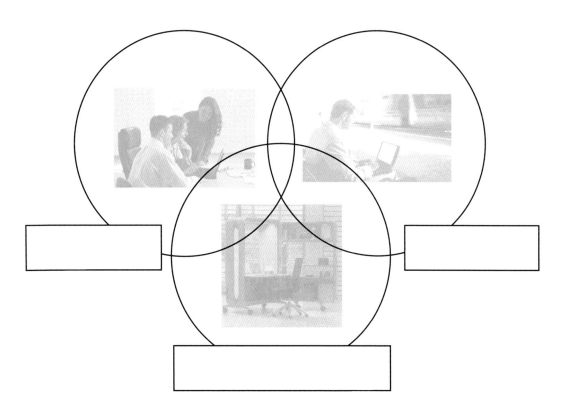

Arbeitswelt „Büro" Arbeitsblatt 11

Flexible Arbeitswelten II

Arbeitsmediziner haben durch umfangreiche Untersuchungen herausgefunden, dass neben der Ergonomie des Mobiliars an einem Arbeitsplatz die **gute Kommunikation** untereinander zu einem höheren **Wohlbefinden** der Mitarbeiterinnen und Mitarbeiter führt und damit auch zu einer besseren Arbeitsleistung. Dieser Faktor spielt für Unternehmer und Büroplaner eine wichtige Rolle.

Der richtige Einsatz folgender platzsparender und zugleich flexibler Büromöbel fördert den kommunikativen Austausch der Mitarbeiter untereinander.

Benennen und erläutern Sie die folgenden Abbildungen:

Arbeitszeitmodelle
Arbeitsformen

1. Kerstin Schmid hat ihren Ausbildungsvertrag unterschrieben. Bei der Verabschiedung erwähnt der Personalchef, dass die Firma die gleitende Arbeitszeit eingeführt hat. Was verstehen Sie darunter?

2. An ihrem ersten Arbeitstag lernt Kerstin Frau Bauer kennen. Frau Bauer arbeitet Vollzeit, bekommt aber das Gehalt für Teilzeit. Wie ist dies zu erklären?

3. Seit einigen Wochen arbeitet Kerstin in der Verkaufsabteilung und hat sehr häufig Kontakt mit Frau Weber, die, seit sie ein Baby hat, zu Hause für die Firma arbeitet. Frau Weber ist eine der vielen Telearbeiterinnen in Deutschland, die durch diese Arbeitsform den Anschluss an die Firma und ihre Arbeit behält. Dennoch sind gewisse Risiken bei der Telearbeit nicht von der Hand zu weisen:

Arbeitswelt „Büro" Arbeitsblatt 13

1. Welche Belastungen am Büroarbeitsplatz können die Gesundheit eines Menschen in vielfältiger Weise beeinträchtigen? Nennen Sie für jede Art Beispiele.

Belastungen	Belastungen	Belastungen

2. Welche Möglichkeiten sehen Sie, diesen Belastungen entgegenzuwirken?

Arbeitsblatt 14 — Arbeitswelt „Büro"

1. Jonas macht seit einigen Wochen eine Ausbildung zum Industriekaufmann in einem großen Unternehmen. In der Mittagspause gönnt er sich erst einmal eine Zigarette. Dann kauft er sich einen **Döner** und für zwischendurch hat er immer ein **paar Schokoriegel** in der Schublade. Abends nimmt er regelmäßig eine **reichhaltige warme Mahlzeit** zu sich. Seit Beginn der Ausbildung hat er eine deutliche Gewichtszunahme bemerkt. Nach der Mittagspause ist er oft schlapp und unkonzentriert.

Was macht Jonas falsch?

2. Welchen Einfluss nimmt die Leistungskurve auf das Wohlbefinden von Jonas?

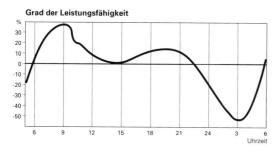

3. In der ersten Ausbildungsphase arbeitet Jonas überwiegend am Bildschirm. Dadurch entstehen hohe körperliche Belastungen. Was kann Jonas tun, um diesen entgegenzuwirken?

© Copyright 2009: Bildungsverlag EINS GmbH

Arbeitswelt „Büro" — Arbeitsblatt 15

Kreuzworträtsel

1. Handlungen, die sich systematisch mindestens einmal pro Woche über einen Zeitraum von einem halben Jahr oder länger gegen eine Person erstrecken
2. Eine Mischform zwischen Zellen- und Großraumbüro
3. Nonverbale Kommunikation
4. Begriff, der sich aus den drei Elementen Fach-, Methoden- und Sozialkompetenz ergibt
5. Abstand, der im Gespräch zwischen Personen unbewusst oder bewusst eingehalten wird
6. Anpassung der Arbeitsmittel an den Menschen
7. Bereich auf dem Schreibtisch, in dem die Arbeitsmittel bequem zu erreichen sind
8. Typische Kleidung in Büroberufen
9. Fremdwort für bewegungsreich
10. Eine sinnvolle Pause richtet sich danach
11. Dauerhafte physische, psychische und soziale Belastungen des Menschen
12. Lehre, die die Maßverhältnisse des menschlichen Körpers bei der Arbeitsplatzgestaltung berücksichtigt
13. Einheit für die Beleuchtungsstärke
14. Möglichkeit herauszufinden, welche Farben zu einem bestimmten Typ passen
15. Elektrische und magnetische Felder, die ein eingeschaltetes Gerät umgeben
16. Maß für die Größe des Bildschirms

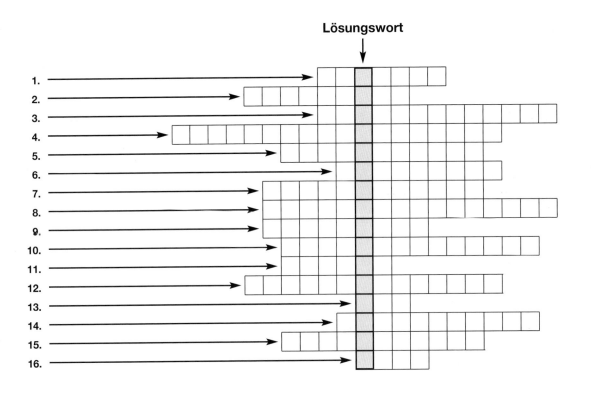

Umweltschutz

Die Firma Neureich plant aufgrund der neuen EU-Richtlinien für Bildschirmarbeitsplätze, ihre Büroräume zu sanieren. Dabei soll auch der Umweltschutz im Büro verbessert werden. Sie sind Auszubildende/r bei der Firma Neureich. Ihr Chef beauftragt Sie, zu untersuchen, wo im Büro Belastungsquellen für Umwelt und Gesundheit vorhanden sind.

1.

_____

_____

_____

_____

_____

_____

_____

_____

Besorgen Sie sich einen Katalog für Büromaterialien und suchen Sie nach umweltfreundlichen Produkten. Erläutern Sie, woran Sie umweltfreundliche Produkte erkennen.

2.

Batterien mit diesem Zeichen nach Gebrauch bitte zurückgeben.

_____

_____

_____

_____

_____

_____

Erläutern Sie den Begriff „ökologische Kette".

3.

_____

_____

_____

Umweltschutz — Arbeitsblatt 2

1. In der Firma Neureich soll auch bei der Anschaffung neuer Kopierer auf umweltfreundliche Geräte geachtet werden. Welche Kriterien spielen bei der Auswahl eine Rolle?

2. Der anfallende Abfall in den Büros der Firma Neureich soll getrennt gesammelt und entsorgt werden. Nach welchen Kriterien kann der Abfall getrennt werden?

3. Kann die Firma Neureich durch ihren Beitrag zum aktiven Umweltschutz auch einen Nutzen haben? Begründen Sie.

Arbeitsblatt 3 — Umweltschutz

1.

Die Anwaltskanzlei Dahlmann & Partner hat fünf Bildschirmarbeitsplätze, die mit neuen Flachbildschirmen ausgestattet werden sollen. Frau Ehlers, die Sekretärin von Herrn Dahlmann, soll entsprechende Angebote einholen. Welche Prüfsiegel geben über die Qualität von Bildschirmen Auskunft?

_____

_____

_____

_____

_____

_____

2.

Kreuzworträtsel

1. Lehre von den Beziehungen der Lebewesen zur Umwelt
2. Prüfsiegel, das die Energiesparfunktion an Bildschirmen kennzeichnet
3. Materialien, die nach Gebrauch wiederverwendet werden können
4. Energiesparender „Warte-Zustand" eines elektrischen Geräts
5. Erkennungsmerkmal eines umweltfreundlichen Produkts, das den besonderen Umweltvorteil nennt
6. Wort für Wiederverwertung
7. Woraus werden Recyclingpapiere hergestellt?
8. Glühbirnen, die besonders lange brennen und wenig Strom verbrauchen
9. Abfall, der an geeigneter Stelle abgegeben werden muss
10. Emission, zu der es beim Betrieb von Kopierern und Druckern kommen kann

Lösungswort

3 Zeitmanagement

1. Frau Berger leitet ein Übersetzungsbüro und ist Chefin einer Sekretärin und zweier Übersetzerinnen. Seit der Gründung des Büros arbeitet sie mithilfe eines einfachen Organisationskonzepts: Sie stapelt die Vorgänge, wie sie anfallen, auf einem Haufen und arbeitet sie der Reihe nach ab. Heute nimmt sie von ihrem Stapel die erste Aufgabe. Für eine Simultanübersetzung muss ein Konferenzraum im Tageshotel reserviert werden. Besetzt. Erst nach einer halben Stunde gelingt es Frau Berger, die Reservierung vorzunehmen. Was kommt als Nächstes? Eine Routineübersetzung für eine Gebrauchsanweisung. Erledigt, was nun? Eine Rechnung unterschreiben, die dringend abgeschickt werden muss. Es ist bereits 16:00 Uhr und Frau Berger stellt mit Schrecken fest, dass ein wichtiger Kunde bis morgen die Übersetzung eines Vertrages braucht. So kann das nicht weitergehen!

Was könnte Frau Berger tun, damit sie die Organisation ihrer Aufgaben besser in den Griff bekommt?

_____

_____

_____

_____

_____

_____

_____

2. Herr Maier kommt von einer Geschäftsreise zurück. Auf dem Schreibtisch türmen sich Stapel von interner und externer Post. Er überlegt, ob er alles der Reihe nach abarbeiten soll. Nein, zuerst wird alles sortiert und nach Prioritäten abgearbeitet. Herr Maier hat vor einiger Zeit einen Lehrgang zum Thema Zeitmanagement besucht. Er überlegt, wie das noch mal mit dem Pareto-Prinzip war. Erläutern Sie dieses Prinzip.

_____

_____

_____

_____

_____

Arbeitsblatt 2/1 *Zeitmanagement*

Den Zeitdieben auf der Spur

Eine der Hauptaufgaben des Zeitmanagements ist die Beseitigung von Störungen im Tagesablauf. Einige der Störungen werden im Folgenden genannt und erläutert.

Lesen Sie die Informationen zu den einzelnen Störungen genau durch. Überlegen Sie, was man dagegen tun kann. Halten Sie Ihre Anregungen in der rechten Spalte fest.

1.

Vergleichen und diskutieren Sie Ihre Vorschläge in der Gruppe.

2.

Mögliche Störungen	Gegenmaßnahmen
1 Sie haben einen Duplexdrucker an Ihrem Arbeitsplatz. Ständig kommen Kolleginnen und Kollegen, um nur mal schnell einen Ausdruck zu machen!	
2 Auf Ihrem Schreibtisch türmen sich die Akten. Sie haben überhaupt keine Lust, die Bearbeitung in Angriff zu nehmen.	
3 Sie sind genervt. Gerade haben Sie sich in eine Aufgabe eingelesen und arbeiten konzentriert, da klingelt das Telefon. Wollen Sie nach der Störung an der gleichen Stelle weiterarbeiten, brauchen Sie eine zusätzliche Anlauf- und Bearbeitungszeit. Häufen sich solche Störmomente, tritt der sogenannte Sägeblatt-Effekt in Erscheinung. Bis zu 28 % der Arbeitszeit kann dadurch verloren gehen.	

© Copyright 2009: Bildungsverlag EINS GmbH

Zeitmanagement

Arbeitsblatt 2/2

Mögliche Störungen	Gegenmaßnahmen
4 Manchmal ertappen Sie sich dabei, dass Sie während der Arbeit vor sich hin träumen.	
5 Geräusche und Lärm am Arbeitsplatz sind, wenn sie häufig vorkommen, belastend. Kopfschmerzen, Konzentrationsmangel und Gereiztheit können die Folgen sein.	

3. Ordnen Sie die Störungen 1 bis 5 in die entsprechenden Spalten ein:

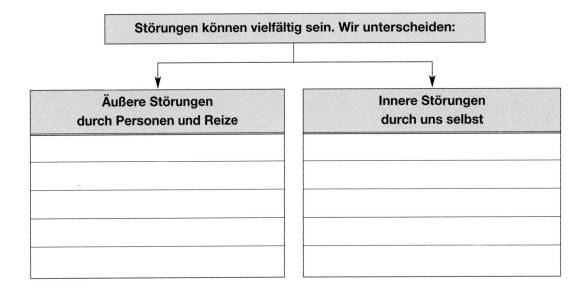

Arbeitsblatt 3 — *Zeitmanagement*

Das Pareto-Prinzip verdeutlicht, dass Sie immer Prioritäten setzen und Wichtiges zuerst erledigen sollten. Denn nur ein Teil der Aufgaben trägt zum größten Arbeitserfolg bei!

Aufgabe

Prüfen Sie Ihre Aufgaben und legen Sie fest, welche am meisten zum Arbeitserfolg beitragen.

Vilfredo Pareto (1848–1923) war ein italienischer Volkswirt und Soziologe, der herausgefunden hatte, dass 20 Prozent der italienischen Familien 80 Prozent des italienischen Volksvermögens besaßen. Daraus leitete er seine 20 : 80- oder 80 : 20-Regel ab:

> „Innerhalb einer gegebenen Gruppe oder Menge weisen einige Teile einen weitaus größeren Wert auf, als dies ihrem relativen, größenmäßigen Anteil an der Gesamtmenge in dieser Gruppe entspricht."

Für das **Zeitmanagement** bedeutet das Pareto-Prinzip grundsätzlich: **20 Prozent der eingesetzten Zeit bringt 80 Prozent des Erfolgs.**

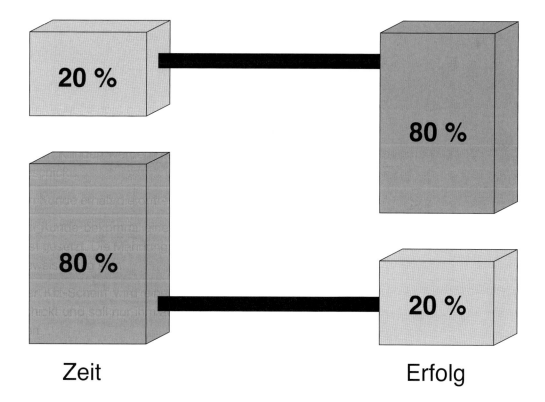

Übertragen auf die **Arbeitsplatzorganisation** bedeutet das Pareto-Prinzip, dass 20 Prozent der Aufgaben so wichtig sind, dass Sie damit 80 Prozent des Arbeitserfolges erreichen.

Zeitmanagement   *Arbeitsblatt 4*

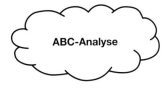

ABC-Analyse

Nach der ABC-Analyse werden die zu erledigenden Aufgaben nach ihrer Wichtigkeit eingeteilt:

A-Aufgaben   wichtig
B-Aufgaben   weniger wichtig
C-Aufgaben   zeitraubende Routinearbeiten

Der Anteil und Zeitaufwand der **A-Aufgaben** ist in der Regel am geringsten, trägt aber am stärksten zur Zielerreichung bei. Bei den **B-Aufgaben** stehen der Zeitaufwand und die Zielerreichung im gleichen Verhältnis zueinander. Die **C-Aufgaben** benötigen die meiste Zeit und beeinflussen den Arbeitserfolg am wenigsten.

1. Analysieren Sie Ihre Aufgaben. Schreiben Sie auf, welche Sie delegieren können und achten Sie darauf, dass es möglichst viele B- und C-Aufgaben sind.

2. Erledigen Sie die A-Aufgaben immer selbst.

Wertanalyse der Zeitaufwendung

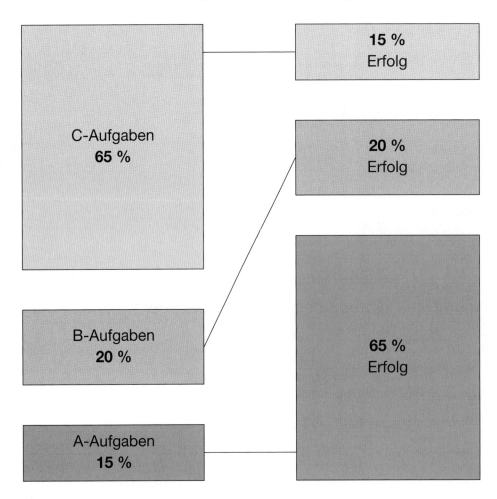

Arbeitsblatt 5 *Zeitmanagement*

Die ALPEN-Methode ist eine Hilfe, die Zeitplanung realistisch zu machen. Dazu dient die folgende Merkregel:

A	**A**ufgaben aufschreiben
L	**L**änge bzw. Zeitdauer veranschlagen
P	**P**ufferzeit reservieren
E	**E**ntscheidungen treffen über Wichtigkeit, Weglassen usw.
N	**N**achkontrolle und Unerledigtes neu einplanen

Auf die Tagesplanung angewandt sollten Sie, um zu einer realistischen Einschätzung zu kommen, alle wichtigen Aufgaben schriftlich **notieren** und die notwendige Zeit für die Erledigung **schätzen**. Je nach Berufsgruppe sind **Pufferzeiten** von etwa 40 % einzuplanen.

Legen Sie dann Prioritäten fest und **entscheiden** Sie, was weggelassen werden kann. Denken Sie daran: Die Entscheidung über die Prioritäten entscheidet über den Erfolg.

Kontrollieren Sie am Ende eines Arbeitstages, welche Aufgaben erledigt sind, und übertragen Sie Unerledigtes. Sie sollten nur darauf achten, dass eine Aufgabe nicht mehrfach übertragen wird. Diese sollten Sie schleunigst erledigen oder streichen.

Planen Sie Ihre aktuellen Termine und Aufgaben für die kommende Woche. **1.**

Schreiben Sie die Aufgaben/Termine auf. **2.**

Überlegen Sie, welche Aufgaben/Termine weggelassen werden können. **3.**

Kontrollieren Sie am Ende jedes Arbeitstages, welche Aufgaben/Termine erledigt wurden. **4.**

Sollte etwas unerledigt bleiben, übertragen Sie dieses auf den nächsten Tag. **5.**

© Copyright 2009: Bildungsverlag EINS GmbH

Zeitmanagement *Arbeitsblatt 6*

Prioritäten festzulegen ist nicht immer ganz einfach. Deshalb sollten Sie nach dem Eisenhower-Prinzip zunächst einmal zwischen wichtigen und dringenden Aufgaben unterscheiden.

Wichtige Aufgaben	**Dringende** Aufgaben
Sie sind unmittelbar mit Ihren Zielen verknüpft. **Wann** diese Aufgaben erledigt werden, hängt von der **Dringlichkeit** ab.	Sie müssen sofort erledigt werden. **Wer** die Aufgaben erledigt, hängt von der **Wichtigkeit** ab.

Daraus entwickelte sich die Eisenhower-Box. Sie bietet vier Möglichkeiten, die Aufgaben in Kategorien einzuteilen:

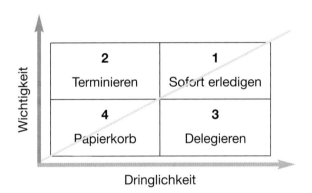

1: Die Aufgaben werden **sofort selbst erledigt**.
2: Die Aufgaben werden neu **terminiert**.
3: Die Aufgaben werden **delegiert**.
4: Die Aufgaben wandern in den **Papierkorb**.

Aufgaben, die dringend und wichtig sind, müssen **sofort erledigt** werden (1-Aufgaben). Wichtige Aufgaben, die aber noch nicht dringend sind, können **später bearbeitet** werden (2-Aufgaben). Unwichtige, aber dringende Aufgaben können Sie delegieren (3-Aufgaben). Aufgaben, die weder wichtig noch dringend sind, müssen unbedingt in den **Papierkorb** wandern.

Versuchen Sie die beste Methode für die Erledigung Ihrer Aufgaben herauszufinden, behalten Sie dabei aber die Zeit im Auge.

> Die Menschen verlieren die meiste Zeit damit,
> dass sie Zeit gewinnen möchten.
>
> John Ernest Steinbeck

Arbeitsblatt 7 — Terminplanung

Terminplanung ist ein wichtiger Teil der Büroarbeit. Welche Folgen können vergessene Termine nach sich ziehen?

1.

> **Situation:** Als Arzthelferin haben Sie vergessen, den Termin von Herrn Maier um 10:30 Uhr einzutragen. Herr Maier hat sich für den Arztbesuch Urlaub genommen.

Folge:

> **Situation:** Sie haben mehrere Rechnungen aus Nachlässigkeit liegen gelassen und die Bezahlung zu spät veranlasst.

Folge:

2.

a) Bei der Terminplanung unterscheidet man zwischen festen und flexiblen (beweglichen) Terminen. Erläutern Sie die Terminarten.

b) Welche Terminarten ergeben sich bei der Terminüberwachung? Beschreiben Sie zu jeder Terminart ein Beispiel aus Ihrem Bereich (Schule/Ausbildung).

Terminplanung   *Arbeitsblatt 8*

1. Welche Hilfsmittel für die Terminplanung und -überwachung halten Sie für geeignet?

| Die festen Termine für das laufende Jahr sollen für die ganze Abteilung auf einen Blick ersichtlich sein. | ➡ | |

| Sie wollen Ihre Klassenarbeitstermine, Hausaufgaben, Schulferien u. Ä. planen und überwachen. | ➡ | |

| Sie bearbeiten Schriftstücke, die zu einem bestimmten Termin wieder bearbeitet oder vorgelegt werden sollen. | ➡ | |

| Der Einsatz von Handwerkerkolonnen soll geplant und überwacht werden. | ➡ | |

2. Sie wollen in Ihrer Firma zur Terminplanung und -überwachung einen „elektronischen Terminkalender" einsetzen und haben sich dafür die entsprechende Software gekauft. Welche technischen und organisatorischen Voraussetzungen müssen gegeben sein?

3. Im Benutzerhandbuch finden Sie Begriffe, die bestimmte Programmfunktionen beschreiben. Was bedeuten sie?

Überschneidungsfunktion ➡

Notizbuchfunktion ➡

Postbearbeitung

Annahme der Eingangspost

1.

Daniela Seifert hat ihre Lehre im Autohaus Sonntag abgeschlossen und wird als Bürokauffrau übernommen. Zu ihrem jetzigen Arbeitsgebiet zählt unter anderem die Postbearbeitung. Wie können schriftliche Informationen in einen Betrieb kommen?

_____

_____

_____

_____

2.

Schon während ihrer Ausbildung ärgerte sich Daniela über die späte Zustellung der Post am Vormittag. Jetzt wies sie ihren Chef auf die Vorteile hin, die sich durch die Einrichtung eines Postfachs ergeben:

_____

_____

_____

_____

_____

_____

3.

Danielas Chef war begeistert und brachte gleich ein entsprechendes Formular vom Postamt mit, das Daniela am 01.08.20.. zur Unterschrift fertig machen soll.

Beachten Sie beim Ausfüllen folgende Daten:

- **Anschrift:** Autohaus Sonntag GmbH, Wiesenstraße 18, 71522 Backnang, Tel: 07191 847-0

- **Täglicher Postanfall:** ungefähr 25 eingehende Briefe

- Herr Hans Sonntag und Daniela sollen einen Schlüssel zum Postfach bekommen.

Postbearbeitung *Arbeitsblatt 1/2*

Deutsche Post
BRIEF KOMMUNIKATION

Postfach-Auftrag / -Änderung / -Kündigung
Bitte in DRUCKBUCHSTABEN mit blauem oder schwarzem Kugelschreiber ausfüllen und in einer Postfiliale abgeben.

Hier entscheiden Sie sich für die Art dieses Auftrags. Nur ein Kreuz ist möglich.

Ich erteile der Deutschen Post AG folgenden Auftrag:

Nur ein Kreuz ist möglich.

☐ **Ich möchte meine Post über ein neues Postfach erhalten.**

Jetzige Sendungsmenge je Werktag | Anzahl der gewünschten Schlüssel

Dem Postfach-Inhaber (**nicht dem Mitbenutzer**) werden 2 Postfach-Schlüssel gegen ein einmaliges Einrichtungsentgelt von EUR 10,- (inkl. MwSt) zur Verfügung gestellt. Jeder zusätzliche Schlüssel kostet EUR 7,- (inkl. MwSt).

oder

☐ **Ich möchte unten genanntes Postfach mitbenutzen und habe das Einverständnis des Postfach-Inhabers eingeholt.**

oder

☐ **Ich möchte den bestehenden Postfach-Auftrag kündigen.**

Bei Kündigung durch den Postfach-Inhaber: Die Postfach-Schlüssel werden der Deutschen Post AG zurückgegeben.

Grund | Kündigungsgrund, bitte Kennziffer des Stichwortes angeben (nur für interne Zwecke):
1 Umzug (Bitte Nachsendeauftrag erteilen)
2 Geänderter Postfach-Standort
3 Unpraktischer Verteilschluss
4 Parkplätze/Öffnungszeiten
5 Löschung der Firma/ Versterben des Postfach-Kunden
6 Sonstiges

☐ **Ich möchte Ihnen die Änderung des Namens / der Firma mitteilen.**
(Zum Beispiel: Namensänderung durch Heirat oder neuer Firmenname)

➡ Falls Sie umziehen, denken Sie bitte rechtzeitig an den Nachsendeauftrag (auch für das Postfach). Erhältlich in Ihrer Postfiliale zusammen mit weiteren Produkten zum Thema Umzug.

Diesen Abschnitt bitte immer und vollständig ausfüllen.

Der Auftrag soll gelten ab dem: Datum T T M M J J

Aktuelle Anschrift des Auftraggebers:
Bitte auch Umlaute wie ä, ü, ö sowie ß verwenden.

☐ Firma/Organisation oder ☐ Frau oder ☐ Herr

Firma / Vorname

Firma / Name

Straße und Hausnummer

PLZ | Ort

Für Rückfragen geben Sie bitte eine Telefonnummer an, unter der Sie tagsüber erreichbar sind ➡ Telefon-Nr. mit Vorwahl /

Nur ausfüllen, falls Auftraggeber eine Firma ist: ☐ Frau oder ☐ Herr | Name des Ansprechpartners

Einwilligung
Bitte streichen Sie folgenden Satz, falls Sie nicht einverstanden sind:
Ich/wir bin/sind damit einverstanden, dass meine/unsere Anschrift(en) an Dritte mitgeteilt werden kann/können, damit möglichst viele Postsendungen auf schnellstem Weg ins Postfach gelangen.

Datum und Unterschrift des Auftraggebers (bei Minderjährigen des Erziehungsberechtigten)
X

Original für die Deutsche Post AG

Dieser Abschnitt wird durch den Mitarbeiter unserer Filiale ausgefüllt.

Die Identität des Auftraggebers/Vertreters wurde geprüft:

Ausweis-Nummer (Personalausweis oder Reisepass) | Kassenkennzahl der Filiale oder Agentur der Deutschen Post

➡ Postfach-Nr. | Postfach-PLZ

Stempel, Datum und Unterschrift des Mitarbeiters Verkauf

➡ ☐ kein Postfach frei

Nur für Mitarbeiter Verkauf

Bei Postfach-Neueröffnung: Ihre endgültige Postfach-Nummer wird Ihnen verbindlich mit der Auftragsbestätigung per Brief mitgeteilt. Gelegentlich kann diese von der oben genannten abweichen.

002 Es gelten die umseitig abgedruckten Allgemeinen Geschäftsbedingungen für das Postfach sowie die Allgemeinen Geschäftsbedingungen der Deutschen Post AG für den Briefdienst Inland in der jeweils aktuellen Fassung, die bei unseren Geschäftsstellen bereit gehalten werden.

Mat.-Nr.: 912-250-000 03/02

© Copyright 2009: Bildungsverlag EINS GmbH

Arbeitsblatt 2 *Postbearbeitung*

Daniela holt zum ersten Mal die Eingangspost aus dem Postfach. Im Postfach findet sie drei Benachrichtigungsscheine. Was muss sie tun?

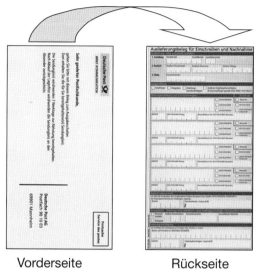

Vorderseite   Rückseite

_____
_____
_____
_____
_____
_____

Nachdem Daniela die Anschriften geprüft und die Irrläufer zurückgegeben hat, bittet sie die Auszubildende, die Briefe zu sortieren.
Die Briefe werden wie folgt sortiert:

_____
_____
_____
_____
_____
_____

Postbearbeitung *Arbeitsblatt 3*

1. Konstanze, Auszubildende im Autohaus Sonntag, entnimmt unter anderem folgende Briefe aus dem Postfach. Welche darf sie öffnen?

☐ Autohaus Sonntag GmbH
Wiesenstraße 18
71522 Backnang

☐ Autohaus Sonntag GmbH
Frau Konstanze Blume
Wiesenstraße 18
71522 Backnang

☐ Frau
Daniela Seifert
Autohaus Sonntag GmbH
Wiesenstraße 18
71522 Backnang

☐ Autohaus Sonntag GmbH
Frau Daniela Seifert
Postfach 23 949
71522 Backnang

2. In einer Anschrift ist die Postfachnummer falsch gegliedert. Nennen Sie die Regel für die Gliederung von Postfachnummern und schreiben Sie die Anschrift richtig.

Regel:

Richtige Schreibweise der Anschrift:

3. Die Anzahl der eingehenden Briefe ist im letzten Jahr stark angewachsen. Bisher wurden die Briefe von Hand mit dem Brieföffner geöffnet. Bei 25 Briefen pro Tag war das auch in Ordnung. Jetzt erhält das Autohaus durchschnittlich 50 Briefe pro Tag. Daniela Seifert überlegt, ob sich der Einsatz einer Brieföffnermaschine lohnt.

1. Kreuzen Sie die richtigen Antworten an.

Bei Entnahme des Briefhülleninhalts ist auf Folgendes zu achten:

☐ Nach der Entnahme wird die Briefhülle gleich weggeworfen.

☐ Alle im Brief erwähnten Anlagen werden geprüft. Fehlt eine Anlage, wird dies handschriftlich auf dem Brief bei „Anlagen" vermerkt.

☐ Das Datum des Poststempels auf dem Briefumschlag hat keine Bedeutung für die Weiterbearbeitung.

☐ Brief und Anlagen werden zusammengeheftet weitergegeben.

2. Konstanze soll auf jedem eingegangenen Brief einen Eingangsstempel anbringen. Sie fragt Frau Seifert nach der Bedeutung des Eingangsstempels.

_____

_____

_____

_____

3. Frau Seifert denkt über den Einsatz eines Posteingangssystems nach. Welche Vorteile hätte die Firma Sonntag dadurch?

_____

_____

_____

Postbearbeitung — Arbeitsblatt 5

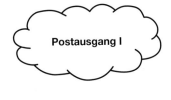

1. Konstanze soll folgende Schriftstücke falzen und kuvertieren:

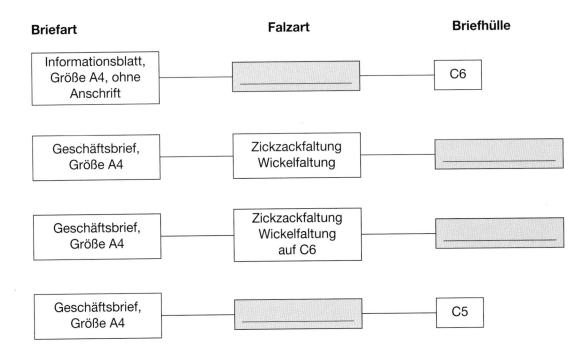

Briefart	Falzart	Briefhülle
Informationsblatt, Größe A4, ohne Anschrift	_____	C6
Geschäftsbrief, Größe A4	Zickzackfaltung Wickelfaltung	_____
Geschäftsbrief, Größe A4	Zickzackfaltung Wickelfaltung auf C6	_____
Geschäftsbrief, Größe A4	_____	C5

2. Nachdem die Firma Sonntag eine Brieföffnermaschine angeschafft hat und dadurch eine erhebliche Arbeitsentlastung spürbar geworden ist, denkt Daniela Seifert darüber nach, ob sich der Einsatz einer Frankiermaschine lohnt. Durchschnittlich werden pro Tag 50 Briefe verschickt. Welche Frankiermaschine würden Sie dem Autohaus Sonntag empfehlen?

_____
_____
_____
_____
_____
_____
_____

Arbeitsblatt 6/1   *Postbearbeitung*

Daniela Seifert betreut die neuen Auszubildenden in ihrer Firma. Für den Bereich „Frankieren" im Postausgang hat sie Stempelungen verschiedener Frankiersysteme gesammelt, um sie mit den angehenden Bürokaufleuten zu besprechen.

1. Wie behandelt die Deutsche Post AG Sendungen, die z. B. folgende Stempelabdrucke tragen?

_____
_____
_____
_____
_____
_____

2. Benennen Sie die folgenden Teile des Stempelabdrucks und beschreiben Sie das dazugehörige Frankiersystem:

Postbearbeitung — *Arbeitsblatt 6/2*

_____

_____

_____

_____

_____

_____

_____

_____

3. Beschreiben Sie zu folgenden Stempelungen das dazugehörige Frankiersystem:

_____

_____

_____

_____

_____

_____

_____

_____

_____

_____

_____

_____

_____

_____

_____

_____

_____

_____

_____

_____

_____

Arbeitsblatt 7 — *Postbearbeitung*

Frankieren mit STAMPIT

Strukturlegetechnik

a) Schneiden Sie die Teile aus und kleben Sie die Kärtchen inhaltlich richtig auf ein Blatt. (Alternative: Erstellen Sie die Aufgabe mithilfe der Zeichenwerkzeuge am PC.)
b) Gestalten Sie entsprechende Einheiten mit Verbindungslinien.
c) Präsentieren Sie Ihr Ergebnis.

Kärtchen:
- Absender
- Werbeaufdruck
- Portoentgelt
- Absendedatum
- Seriennummer der Portokasse
- wird individuell erstellt
- Matrixcode
- DHL-Identcode
- DHL-Produktcode
- Frankiervermerk
- Matrixcode
- Anmelden
- Porto laden
- Frankieren
- Einliefern
- Prüfen und Befördern
- DHL-Leitcode
- DHL-Paketmarken
- Prozess der PC-Frankierung
- enthält verschlüsselte Informationen

© Copyright 2009: Bildungsverlag EINS GmbH

Postbearbeitung *Arbeitsblatt 8*

Beförderung von Briefen, Päckchen und Paketen durch Postdienstleister

1. Seit der Liberalisierung des gesamten Briefmarktes beteiligen sich immer mehr Postdienstleister am KEP-Markt. Dies erfordert Regelungen zum Schutz der Verbraucher. Wer ist zuständig?

2. Wie können sich Unternehmen und Verbraucher über die Leistungen verschiedener Briefzusteller informieren?

3. Sie suchen einen kompetenten Postdienstleister. Beim Angebotsvergleich sind Sie auf folgende Begriffe gestoßen: Redress-Management, Hybridpost, Konsolidierung, Lettershop-Leistungen. Was ist darunter zu verstehen?

Arbeitsblatt 9 — *Postbearbeitung*

Konstanze soll folgende Briefe verschicken. Zu welcher Basisgruppe gehören die jeweiligen Briefe? Schauen Sie in den Service-Informationen nach, wie viel die Beförderung der Briefe jeweils kostet.

1.

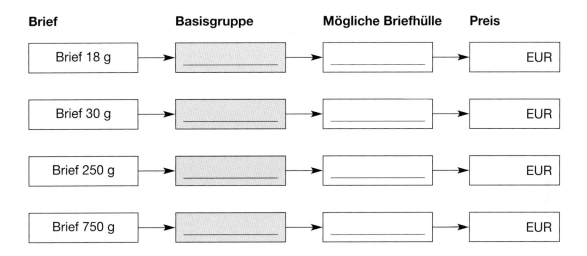

Weitere Briefsendungen sollen besonders **sicher** verschickt werden:

2.

Einem Kunden werden die Kfz-Papiere zugeschickt.	
Ein Kunde erhält die dritte Mahnung.	
Ein Kunde bekommt eine letzte Zahlungsfrist gesetzt. Die Mahnung muss vor Gericht beweiskräftig sein.	
Der Kfz-Schein wird einem Kunden zugeschickt und soll nur ihm ausgehändigt werden.	
Wichtige Unterlagen, die persönlich für den Kunden bestimmt sind und deren Aushändigung bescheinigt wird.	

Postbearbeitung | *Arbeitsblatt 10/1*

Karin arbeitet als Auszubildende beim Amtsgericht und lernt in der Postausgangsstelle die Bearbeitung von Einschreibesendungen kennen.

1. Das Label (Aufkleber) ist ein unverzichtbarer Bestandteil einer Einschreibe-Sendung. Welches Label benutzt wird, hängt von der Zusatzleistung (z. B. Eigenhändig) ab. Benennen Sie die folgenden Label und ihre Bestandteile:

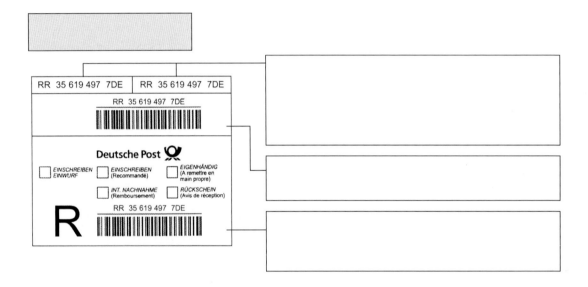

Für Kunden, die _____ Einschreiben, Einschreiben _____

oder Einschreiben _____ verschicken wollen, bietet die Deutsche Post AG

entsprechend fertige Label an.

Arbeitsblatt 10/2 — *Postbearbeitung*

Bei der _____ und _____ Freimachung lässt sich das Label in die Anschrift integrieren.

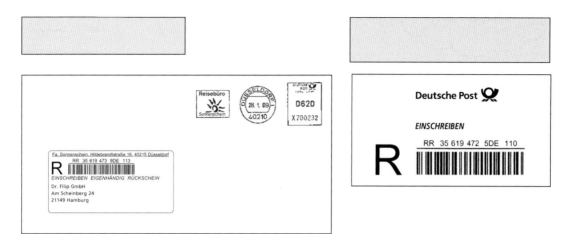

Die Label können bei der Deutschen Post AG im Internet
(www.deutschepost.de/zlmaterialien) oder über den Geschäftskunden-Service bestellt werden. Beispiel: 1 Rolle Einschreiben-Rückschein-Label à 1 000 Stück.

Die sortierten Sendungen werden auf dem _____ vermerkt und bei der Deutschen Post AG eingereicht.

2.

Erklären Sie kurz, was die Angaben bedeuten:

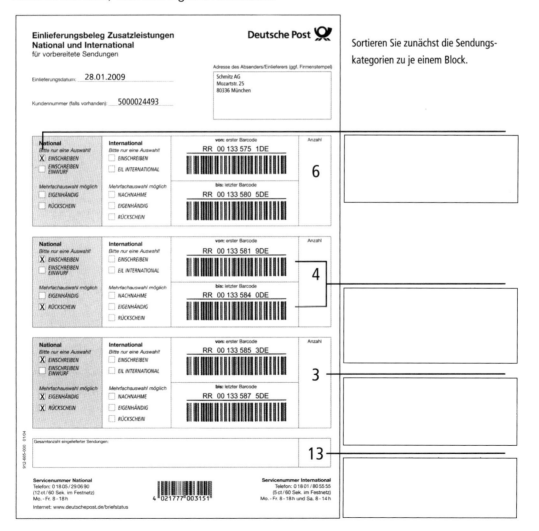

Postbearbeitung *Arbeitsblatt 11*

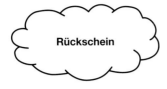

Rückschein

Frau Leistner arbeitet für die Rechtsanwaltskanzlei Rainer Sommer & Partner (Marktstraße 28, 71522 Backnang) und soll für den Brief „Einschreiben Rückschein" an Frau Dr. Susanne Pütz (Königstraße 18, 70129 Stuttgart) den entsprechenden Beleg vorbereiten.

1. Füllen Sie den Rückschein aus.

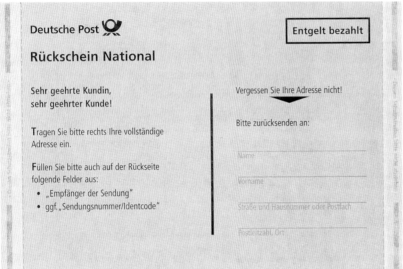

Auf den Seitenrändern des Rückscheins befinden sich _____

Damit _____ den _____

_____ an der Sendung.

2. Welche Angaben kommen in folgende Felder? Füllen Sie die vom Absender zu beschriftenden Bereiche aus.

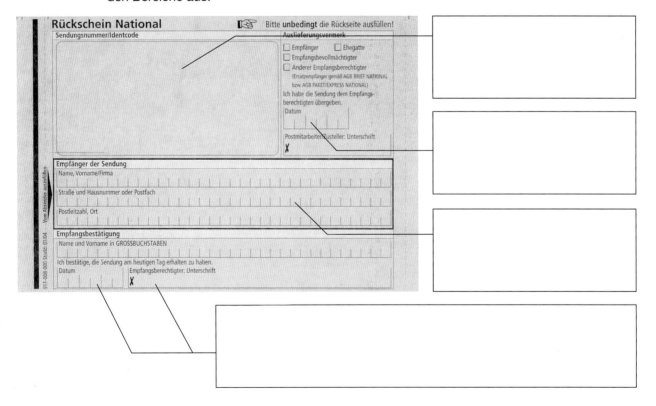

Arbeitsblatt 12 — *Postbearbeitung*

Arbeitsschritte des Postein- und -ausgangs

Konstanze steht kurz vor ihrer Prüfung zur Bürokauffrau. Um sich die Arbeitsschritte des Postein- und -ausgangs besser merken zu können, erstellt sie eine Übersicht.

Posteingang	Postausgang
①	①
②	②
③	③
④	④
⑤	⑤
⑥	⑥

5 Berufliche und schriftliche Kommunikation

Kreuzworträtsel
Der Personal Computer

Tragen Sie die waagerechten Lösungswörter in das Kreuzworträtsel ein.
Wenn Sie alle Lösungswörter richtig eingetragen haben, ergibt sich das gesuchte Lösungswort.

Waagerecht:

1. Interner Speicher
2. Mehrere Datensätze zu einem Sachgebiet
3. Die maschinellen Bestandteile eines Computers
4. Teil der Zentraleinheit
5. Tragbarer Computer
6. Zusammenstellung verschiedener Geräte zu einem Computersystem
7. Informationen, die durch Zeichen dargestellt werden
8. Speicherplatz für 1 024 Zeichen
9. Eingabegerät, das Daten und Strichcodes lesen kann
10. Anderer Begriff für Programme
11. Anderer Begriff für Bildschirm
12. Heute führender Prozessortyp
13. Berührungsbildschirm zur Eingabe von Befehlen
14. Kleinstes Speicherelement
15. Speicherplatz für ein Zeichen
16. Festwertspeicher

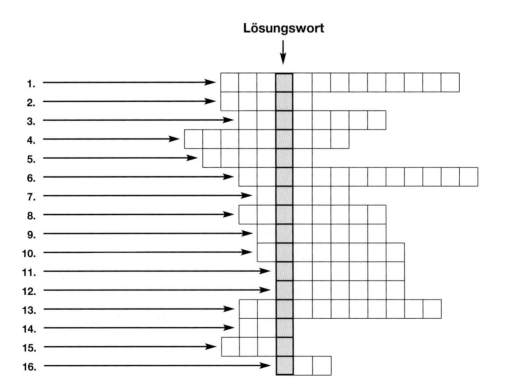

Arbeitsblatt 2   *Berufliche und schriftliche Kommunikation*

Geschäftliche Korrespondenz

Sie arbeiten in der Bürogroßhandlung Sattmann & Gläser KG. Die Geschäftsführer sind Frank Mellert und Kevin Siegland. Der Sitz des Unternehmens ist Stuttgart. Die Firma ist im Handelsregister unter der Nr. HRB 4958 eingetragen. Die USt.-IdNr. lautet DE 3948886.

1. Welche **Pflichtangaben** müssen die verwendeten Geschäftspapiere enthalten?

_____
_____
_____
_____
_____

2. Welche Geschäftsangaben sind wünschenswert?

_____
_____

3. Machen Sie einen Gestaltungsvorschlag:

[Leeres Feld für Gestaltungsvorschlag]

4. In Ihrem Unternehmen wird ein Großteil der Post per E-Mail abgewickelt. Welche gesetzliche Regelung muss beachtet werden?

_____
_____
_____
_____

© Copyright 2009: Bildungsverlag EINS GmbH

Berufliche und schriftliche Kommunikation   Arbeitsblatt 3/1

1. Ergänzen Sie folgenden Text mit den fehlenden Begriffen:

- Im _____ werden in verschiedenen Fachnormenausschüssen Richtlinien erarbeitet, die für die unterschiedlichsten Gegenstände des täglichen Lebens _____ einheitlich festlegen.

- DIN _____ legt die Maße für Papierformate fest. Ausgangsformat für die Hauptreihe ist _____ mit einem Flächeninhalt von _____.

- Durch _____ der _____ Seite entsteht das nächstkleinere Format.

- Neben der A-Reihe für Schreibpapier gibt es für _____ die Zusatzreihen _____.

- Ein auf die Größe A6 gefalteter Brief oder eine _____ passen in eine Briefhülle der Größe _____. Zwei Briefhüllen der Größe C5 können in einer Briefhülle der Größe _____ versandt werden.

- Ein mit der Wickel- oder Zickzackfaltung gefalteter Brief passt in eine Briefhülle _____.

2. Um den Schriftverkehr zu rationalisieren, können u. a. auch Kurzbriefe (Kurzmitteilungen) und Auswahltexte verwendet werden. Beschreiben Sie kurz diese Rationalisierungsmöglichkeiten.

Auswahltexte: _____

_____

Kurzmitteilung: _____

_____

_____

_____

Arbeitsblatt 3/2   *Berufliche und schriftliche Kommunikation*

3. Die abgebildeten Vordrucke entsprechen nicht mehr den heute üblichen Gestaltungsgrundsätzen. Entwerfen Sie daneben eine verbesserte Version:

Beispiel 1:   **Lösungen:**

```
Name .......................... Vorname ........................
Straße und Hausnummer .......................................
Wohnort ...........................................................
```

Beispiel 2:

```
Wir bitten am .................... 20..  ............ Uhr ............
um Ihren Besuch.
```

Beispiel 3:

```
Ich bitte um Barzahlung,*) Überweisung*)
auf unser*)/mein*) Konto Nr........................................
beim Geldinstitut......................................................
*) Nichtzutreffendes streichen
```

4. In Ihrem Betrieb wird darüber nachgedacht, selbst Formulare mithilfe des Textverarbeitungsprogramms zu erstellen. Welche Vorteile ergeben sich daraus?

_____
_____
_____
_____
_____
_____
_____
_____
_____
_____

1. Sie sind bei **Inter-Langues** – Beratung und Vermittlung von LAL-Sprachreisen, Am Mühlbach 4, 79114 Freiburg, Tel. 0761 440123, beschäftigt. Das Unternehmen bietet Sprachkurse und Sprachreisen an.

In den Sommerferien werden stets Kurse in Französisch, Englisch, Italienisch und Spanisch angeboten. Alle Ferienkurse bestehen aus zwei Teilen. Kursstufe I findet in den ersten drei Ferienwochen statt und Kursstufe II in der 4., 5. und 6. Ferienwoche. Die Kurse können einzeln oder gesamt gebucht werden. Eine Kurseinheit kostet ohne Unterkunft und Verpflegung 160,00 EUR. Interessierte können zusätzlich an kostenlosen Freizeitaktivitäten teilnehmen. Sie nehmen die Anmeldungen für die nächsten Sommerferien entgegen und erfassen die Anmeldedaten. Danach legen Sie das Formular dem Anmelder zur Unterschrift vor.

Erstellen Sie ein repräsentatives A4-Formular.

2. Sie sind Angestellte bei der Kurverwaltung, 88175 Scheidegg im Allgäu, Postfach 3 00, Tel. 08381 4560. Heute erhielten Sie wieder eine Anfrage nach einer Ferienwohnung. Familie Baumann (zwei Erwachsene und zwei Kinder) sucht eine Wohnung in ruhiger Lage mit einem Wohnraum, zwei Schlafzimmern, Küche, Dusche oder Bad und WC. Außerdem sollte die Wohnung eine Terrasse oder einen Balkon haben. Familie Baumann will vom 1. bis 15. Juli in Scheidegg bleiben.

Da sich in letzter Zeit die Anfragen nach Ferienwohnungen gehäuft haben, erstellen Sie einen Vordruck, mit dessen Hilfe Sie die Personalien und Wünsche der Interessenten übersichtlich festhalten und die Anfragen bearbeiten können.

Erstellen Sie ein Formular im Format A4.

Arbeitsblatt 5 — Berufliche und schriftliche Kommunikation

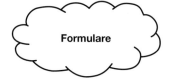 

Auf dem Vordruck für einen Geschäftsbrief sind zehn Felder mit Ziffern gekennzeichnet. Tragen Sie die Namen der Felder in die Aufstellung ein.

① _____
② _____
③ _____
④ _____
⑤ _____
⑥ _____
⑦ _____
⑧ _____
⑨ _____
⑩ _____

Berufliche und schriftliche Kommunikation — Arbeitsblatt 6/1

> Geschäftsbrief, Faxmitteilung und E-Mail

1. Auch im Zeitalter von Internet und E-Mail hat der Geschäftsbrief in der Geschäftskorrespondenz noch einen hohen Stellenwert. Begründen Sie diese Aussage.

_____

_____

_____

_____

_____

2. Welche Mitteilungen würden Sie per Brief versenden?

	Terminabsagen und -verlegungen, eilige Absprachen
	Mahnungen
	Vertrauliche Mitteilungen
	Einladung zum Firmenjubiläum mit besonderem Layout
	Kurze, informelle Mitteilungen
	Texte, die elektronisch weiterbearbeitet werden sollen
	Verträge
	Kondolenzschreiben
	Glückwünsche

3. Welche Angaben sollte eine Faxmitteilung enthalten?

_____

_____

_____

4. Welche Maßnahmen können Sie treffen, damit der Faxeingang in Ihrem Unternehmen störungsfrei abläuft?

_____

_____

_____

_____

_____

_____

Arbeitsblatt 6/2 — *Berufliche und schriftliche Kommunikation*

5. Gegenüber dem Brief besitzt die E-Mail eine ganze Reihe von Vorteilen:

_____

_____

_____

_____

_____

_____

_____

6. Welche Maßnahmen können Ihnen helfen, E-Mails zeitsparend zu bearbeiten?

_____

_____

_____

_____

_____

_____

_____

_____

7. Was bedeuten die Abkürzungen im E-Mail-Kopf?

CC	
BCC	

8. Gestalten Sie mit Ihrem Namen und Ihren Kommunikationsangaben eine E-Mail-Signatur nach DIN 5008.

1. Das Immobilienhaus Weber, Stuttgart, hat nach einer Textanalyse Texthandbücher für die wichtigsten Bereiche der Korrespondenz erstellt. Hier das Texthandbuch für den Bereich „Wohnungsvermietung".

Auszug aus dem Texthandbuch:

Wohnungsvermietung		
Antwortschreiben auf Wohnungsgesuche		
Textbaustein	**Sel.-Nr.**	**Kurzname**
Ihr Wohnungsgesuch vom (Datum)	1	Betreff
Ihr Wohnungsgesuch (Name der Zeitung) vom (Erscheinungsdatum)	2	Betreff Zeitung
Sehr geehrte/r (Anrede Name),	3	Anrede
Sie suchen eine stadtnahe, familienfreundliche (Zimmerzahl)-Zimmer-Wohnung.	4	Wohnung stadtnah
Sie suchen eine zentral gelegene (Zimmerzahl)-Zimmer-Wohnung.	5	Wohnung zentral
Sie suchen eine stadtnahe, familienfreundliche (Zimmerzahl)-Zimmer-Wohnung mit Garten in ruhiger Lage.	6	Wohnung stadtnah Garten
Sie suchen ein Haus „im Grünen" mit einem großen Garten.	7	Haus „im Grünen" Garten
Wir können Ihnen ein passendes Objekt anbieten.	8	Angebot möglich
Fügen Sie hier das aktuelle Angebot ein (flüchtiger Baustein).		
Rufen Sie uns bitte an, wir vereinbaren gerne Ihren Besichtigungstermin.	9	Anruf, Besichtigungstermin
Bei Abschluss eines Mietvertrags berechnen wir eine Nachweis- bzw. Vermittlungsprovision in Höhe einer Monatsmiete.	10	Kosten
Auf Ihre Nachricht freuen wir uns.	11	Schlusssatz
Momentan können wir Ihnen leider kein passendes Angebot unterbreiten. Wir nehmen Sie jedoch gerne in unsere Kundenkartei auf und informieren Sie sofort, wenn wir Ihnen ein geeignetes Objekt anbieten können.	12	kein Angebot, Kundenkartei
Freundliche Grüße IMMOBILIEN WEBER i. A. (Name)	13	Briefschluss

Die aktuellen Immobilienangebote erscheinen nicht im Texthandbuch, da sie nur für kurze Zeit gültig sind. Diese „flüchtigen Bausteine" werden gesondert gespeichert und aktualisiert.

Folgende flüchtige Bausteine werden für den Bereich „Wohnungsvermietung" abgespeichert:

Beispiele für „flüchtige" Bausteine:

4½-Zimmer-Penthousewohnung in Schwäbisch Hall, Zollhausgasse 5

Beschreibung: Diese Wohnung befindet sich im Sanierungsgebiet ALTE BRAUEREI: Sie hat 104 qm Wohnfläche und 70 qm Dachterrasse, von der Sie einen einzigartigen Panoramablick auf die historische Altstadt genießen können. Ausstattung und Wohnkomfort werden allen Wünschen gerecht. Ein separater Kellerraum steht zur Verfügung. Den Grundriss der Wohnung entnehmen Sie bitte beiliegendem Plan. Das Gebäude wird in drei Monaten bezugsfertig sein.

Mietpreis: 680,00 EUR plus 30,00 EUR für einen Pkw-Stellplatz in der Tiefgarage – zuzüglich der monatlichen Nebenkosten einschließlich Hausmeisterbetreuung.

4-Zimmer-Maisonette-Wohnung in Schwäbisch Hall, Kirchgasse 8

Beschreibung: Im Herzen unserer schönen Stadt, inmitten der Fußgängerzone, wird in sechs Wochen eine außergewöhnliche Wohnung frei. Sie befindet sich in einem modern ausgebauten Wohn- und Geschäftszentrum, das hohen Wohnkomfort bietet. Ärzte, eine Apotheke, verschiedene Ladengeschäfte, Gastronomie – dies alles haben Sie direkt im Haus. Den Grundriss entnehmen Sie bitte beiliegendem Plan.

Mietpreis: 620,00 EUR plus 35,00 EUR für einen Pkw-Stellplatz im Parkhaus – zuzüglich der monatlichen Nebenkosten, inkl. Hausmeister.

Reihenhaus mit sechs Zimmern in Gottwollshausen-Oberwaldbach

Beschreibung: Dieses Haus liegt in sehr ruhiger ländlicher Umgebung. 110 qm Wohnfläche sind auf drei Ebenen verteilt; im Keller befindet sich ein beheizbarer Hobbyraum. 1987 erbaut, ist es zeitgemäß ausgestattet. Vor der überdachten Südterrasse liegt ein hübsch angelegter 150 qm großer Garten. Die Kinder fahren mit dem Schulbus in das 2 km entfernte Gottwollshausen. Den Grundriss entnehmen Sie bitte beiliegendem Plan.

Mietpreis: 500,00 EUR zuzüglich Ihrer monatlichen Nebenkosten.

Berufliche und schriftliche Kommunikation — Arbeitsblatt 7/3

2. Gestalten Sie den Brief an die Familie Noack.

Situation

Familie Karin und Hans Noack (Tannenweg 8, 74523 Schwäbisch Hall) sucht ein Haus im Grünen in der Nähe von Gottwollshausen und wendet sich am 25. Mai 20.. an das Immobilienhaus Weber. Frau Sonja Krämer, Sachbearbeiterin, findet ein geeignetes Objekt (Reihenhaus mit sechs Zimmern in Gottwollshausen-Oberwaldbach) und schreibt am 2. Juni 20.. mithilfe des Texthandbuchs einen Bausteinbrief an die Familie Noack. Ein Besichtigungstermin soll nach telefonischer Absprache festgelegt werden. Auf die Kosten bei Abschluss eines Mietvertrags wird hingewiesen. Frau Krämer ist über Telefon 07191 123-123, Telefax 07191 123-124 und per E-Mail sonja.krämer@immobilien-weber.de erreichbar. Sie unterschreibt den Brief im Auftrag.

Tragen Sie die waagerechten Lösungsworte in das Kreuzworträtsel ein.
Wenn Sie alle Lösungsworte richtig eingetragen haben, ergibt sich das gesuchte Lösungswort.

Waagerecht:

1. Formulierte Textabschnitte, die zur Erstellung von Schriftstücken verwendet werden.
2. Briefe, die für einzelne Empfänger immer wieder benötigt werden.
3. Aussagefähiger Text, der das Suchen der benötigten Bausteine erleichtert.
4. Adressen, die in einen Serienbrief einzumischen sind, werden hier gespeichert.
5. Haltepunkte in einem Serienbrief, um Variablen einzufügen.
6. Ist erforderlich, um Daten für die Datenquelle zu erfassen.
7. Automatisches Zumischen der Variablen in einen Serienbrief.
8. Alle Angaben in der Datenmaske.
9. Manuelle Einfügungen in Serienbriefe bzw. Bausteintexte.
10. Es enthält den Standardtext, der bei allen Serienbriefen gleich ist.
11. Andere Bezeichnung für Haltepunkt.
12. Schriftliche Anweisung zum Erstellen von Bausteinbriefen.

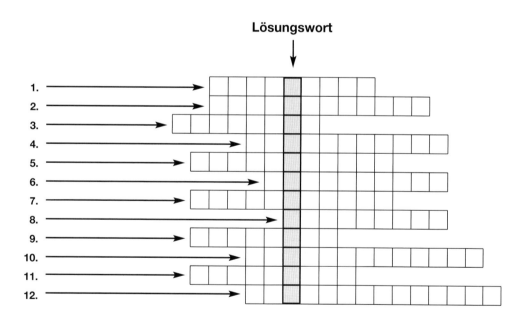

1. Die DIN für das Fonodiktat (DIN 5009) unterscheidet Konstanten und Anweisungen. Erklären Sie den Begriff Anweisungen.

---

2. Schreiben Sie folgende Sätze nach den DIN-Regeln 5009 in der Diktatsprache:

- **Unterstreichen**

Text: Wir bitten Sie, die Ware sofort an Herrn Bucher abzusenden.

- **Fettschrift**

Text: Von dieser Zeitschrift werden täglich **20 000 Stück** gedruckt.

- **Kursivschrift**

Text: Der neue Hotelzug verbindet täglich *Dortmund und Wien*.

- **Großbuchstaben**

Text: Die Tagung findet in Salzburg im Hotel ALPENROSE statt.

- **Buchstabieren**

Text: Unser Mitarbeiter, Herr Vranizky, wird Sie morgen besuchen.

● Einrücken

Text:

Mein schulischer und beruflicher Werdegang:

    Hauptschulabschluss
    Fachschulreife (Wirtschaftsschule)
    Ausbildung als Kauffrau für Bürokommunikation
    Zweijährige kaufmännische Berufspraxis

Für eine baldige Antwort …

● Zentrieren

Text:

Wir laden Sie zu einem Vorstellungsgespräch am

                      25. April, 15:00 Uhr,

in unsere Hauptverwaltung ein.

● Gliederung

Text:

Den Themenbereich „Textverarbeitung" haben wir in unserem Lehrbuch wie folgt gegliedert:

1   Textverarbeitung mit dem Personal Computer
1.1   Hardware
1.1.1 Zentraleinheit
1.1.2 Ein- und Ausgabegeräte
1.1.3 Externe Speicher

1. Die DIN für das Fonodiktat (DIN 5009) unterscheidet Konstanten und Anweisungen. Erklären Sie den Begriff Konstanten.

---

2. Schreiben Sie folgende Sätze nach den DIN-Regeln 5009 in der Diktatsprache:

- **Punkt**

Text: Die Diktatsprache ermöglicht eine klare Verständigung.

- **Komma**

Text: Punkt, Semikolon, Doppelpunkt und Fragezeichen sind Konstanten.

- **Semikolon**

Text: Der Antrag ist ausgefüllt; er muss noch unterschrieben werden.

- **Doppelpunkt**

Text: Der Preis schließt ein: Rollgeld, Verladekosten und Fracht.

Arbeitsblatt 10/2 — *Berufliche und schriftliche Kommunikation*

- **Fragezeichen**

Text: Kennst Du den Unterschied zwischen Konstanten und Anweisungen?

_____

_____

- **Ausrufezeichen**

Text: Geben Sie mir bitte das Diktiergerät und die Minikassette!

_____

_____

- **Gedankenstrich**

Text: Die Tagung – sie sollte morgen beginnen – musste verschoben werden.

_____

_____

- **Bindestrich**

Text: Frau Berger-Stein wohnt jetzt in der Konrad-Adenauer-Straße.

_____

_____

Der Bindestrich wird nur in Eigennamen, Fremdwörtern und Kalenderdaten mit numerischer Schreibweise angesagt.

- **Kalenderdaten**

Text: Numerisch werden Kalenderdaten wie folgt geschrieben: 2008-06-12.

_____

_____

_____

- **Schrägstrich**

Text: Das Geschäftsjahr 2007/2008 brachte eine Umsatzsteigerung von 10 %.

_____

_____

Berufliche und schriftliche Kommunikation — *Arbeitsblatt 10/3*

● **Abkürzungen**

Text: Von diesen neun Stoffen sind nur noch 35 m und 70 cm am Lager.

_____
_____

Text: Sie könnten jetzt die Programme von ARD, ZDF und RTL empfangen.

_____
_____

● **Absatz**

Text:

Unser Tipp für Sie:

1. Informieren Sie sich über die vielen Neuerungen.
2. Testen Sie auch die anderen aktuellen Modelle.
3. Vergleichen Sie unsere Finanzierungsvarianten.

Kommen Sie einfach vorbei, freuen Sie sich auf einen erlebnisreichen Tag!

Mit freundlichen Grüßen aus dem Schwarzwald

_____
_____
_____
_____
_____
_____

● **Neue Zeile**

Text: Als elektronische Bücher, die auch bereits in vielen Buchhandlungen angeboten werden, eignen sich vor allem Nachschlagewerke, z. B.

Wörterbücher
Telefonbücher
Kursbücher

Fordern Sie unseren Verlagsprospekt an!

_____
_____

Arbeitsblatt 10/4   *Berufliche und schriftliche Kommunikation*

● **Anführungszeichen**

Text: Der Notar sagte: „Ich hoffe, dass unser Vorschlag angenommen wird."

● **Klammern**

Text: Anlässlich meiner Reise (es war im Januar) habe ich das Museum besucht.

● **Groß – klein**

Text: Die Artikel Ar/345 und BI-80 sollen als Einschreiben versandt werden.

● **Besondere Sprechweise**

Text: Die Rechnung vom 28. Juni über 34,22 € ist bis 12. Juli zu bezahlen.

● **Zahlen**

Text: Wir sind ab sofort unter der neuen Nummer 0711 358891 zu erreichen.

Berufliche und schriftliche Kommunikation Arbeitsblatt 11

1. Frank Bauer, Außendienstmitarbeiter des Verlages Wissen & Können, bringt nach jeder Geschäftsreise eine Menge Kassetten mit aufgesprochenen Briefen mit. Frau Krämer, zuständig für die schriftliche Korrespondenz, ärgert sich, weil eine gleichmäßige Verteilung der anfallenden Schreibarbeiten so nicht möglich ist, sie sucht nach einer Lösung. Sie informiert sich auf dem Markt und hält den Einsatz digitaler Diktiergeräte für die Lösung des Problems.

_____
_____
_____
_____
_____
_____
_____

2. Beschreiben Sie die abgebildeten Tonträger:

_____
_____
_____
_____
_____
_____
_____

_____
_____
_____
_____
_____
_____
_____

Drucken, Kopieren, Scannen und Fotografieren

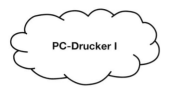
PC-Drucker I

An einen PC können Drucker mit unterschiedlichen Drucktechniken angeschlossen werden. Vergleichen Sie die in der Praxis am häufigsten eingesetzten Drucker, indem Sie die Tabelle ergänzen.

Technik	Verbrauchs-material	Vorteile	Nachteile
Matrix-drucker			
Tintenstrahl-drucker			
Laser-drucker			

Drucken, Kopieren, Scannen und Fotografieren — Arbeitsblatt 2

PC-Drucker II

Ergänzen Sie die fehlenden Wörter:

1. Jedes Programm benötigt einen _____ . Dies sind kleine _____ _____ , die es ermöglichen, am Computer einen angeschlossenen Drucker zu betreiben. Sie vermitteln sozusagen zwischen _____ und _____ .

2. Ronny macht eine Ausbildung zum Einzelhandelskaufmann in einem Computerfachgeschäft. Eine Kundin, die einen neuen Drucker kaufen will, bittet Ronny, ihr folgende Begriffe/Abkürzungen zu erklären:

Postscript	
Parallele Schnittstelle	
USB	
dpi	
S./Min. s/w	
Non-Impact-Drucker	

Arbeitsblatt 3 *Drucken, Kopieren, Scannen und Fotografieren*

1.

Frank hat sich einen neuen Drucker gekauft und möchte ihn unter Windows installieren. Können Sie ihm helfen?

_____
_____
_____
_____
_____
_____
_____
_____
_____
_____
_____

2.

Frau Sommer gibt ihrer Auszubildenden, Rita Müller, eine Diskette mit Dateien, die so schnell wie möglich ausgedruckt werden sollen. Rita liest die Anmerkungen zu den einzelnen Druckaufträgen und sucht die entsprechenden Druckoptionen im Programm.

Arbeitsanweisung	Druckoption
Von der Datei **Arbeitsanweisung.doc** sollen die Seiten **25 bis 31** gedruckt werden.	
Die Dateien **Fortbildung1.doc** bis **Fortbildung5.doc** sollen **während** der Arbeit am PC gedruckt werden.	
Die vierseitige Datei **Reklamation.doc** soll auf **zwei A4-Seiten** ausgedruckt werden.	

© Copyright 2009: Bildungsverlag EINS GmbH

Drucken, Kopieren, Scannen und Fotografieren — Arbeitsblatt 4

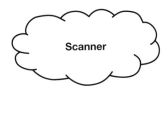

1. Sie arbeiten in einem Computerfachgeschäft und haben sich im Laufe der Zeit zu einer Expertin/einem Experten für Peripheriegeräte des PCs entwickelt. Sie sollen in folgenden Fällen den Kunden den richtigen Scannertyp empfehlen:

In einer Bibliothek müssen immer wieder aus Büchern Seiten im Format A3 oder A4 gescannt werden.	
Es muss der gesamte Posteingang innerhalb kurzer Zeit zur Archivierung und Weiterleitung eingescannt werden.	
In der Werbeabteilung sollen aus farbigen Vorlagen Bilder eingescannt und in einem Textverarbeitungsprogramm weiterverarbeitet werden.	

2. In einem Prospekt werden folgende Leistungsmerkmale für einen Scanner genannt. Erklären Sie die Bedeutung:

OCR-Verfahren	
Scan-to-E-Mail-Funktion	

Arbeitsblatt 5 *Drucken, Kopieren, Scannen und Fotografieren*

Die Kaufmännische Schule Stuttgart benötigt einen neuen Kopierer. Die Schulsekretärin, Frau Schuler, besorgt Prospekte über Kopierer, um sich zu informieren und dem Schulleiter sowie den Lehrerinnen und Lehrern einen entsprechenden Vorschlag zu unterbreiten.

Folgende Leistungsmerkmale hält Frau Schuler für besonders wichtig. Begründen Sie Frau Schulers Meinung.

Leistungsmerkmal	Begründung
Originaleinzug	
Wendeautomatik	
Zoomfunktion	
Sorter	
Selbstdiagnose	
Chipkartenabrechnung	
Format der Vorlage	

© Copyright 2009: Bildungsverlag EINS GmbH

Drucken, Kopieren, Scannen und Fotografieren   *Arbeitsblatt 6*

1. Was ist eine Kanbankarte?

2. Welche Informationen muss eine Kanbankarte enthalten?

3. a) Listen Sie alle Bereiche auf, in denen eine Kanbankarte für die Verwaltung der Büromaterialien sinnvoll ist.
b) Fertigen Sie für diese Büromaterialien Kanbankarten an.

Informationen beschaffen, bewerten, aufbereiten, präsentieren und ordnen

Stellen Sie sich folgende Situation vor: Ihr Chef beabsichtigt, mit einer Firma, die kaum bekannt ist, eine Geschäftsbeziehung aufzubauen. Er bittet Sie, Informationen über die Firma zu beschaffen.

Überlegen Sie, welche Informationen Sie benötigen. Setzen Sie dazu die Methode des Mindmapping ein.

1.

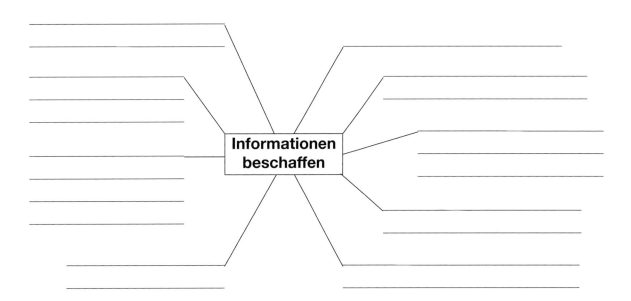

Woher bekommen Sie die Informationen?

2.

_____
_____
_____
_____
_____
_____
_____

Informationen beschaffen, bewerten, aufbereiten, präsentieren und ordnen — Arbeitsblatt 2

Informationen bewerten

Für eine Publikation auf der Schulhomepage haben Kerstin und Juliane viele Informationen über Mitschülerinnen und Mitschüler und die Tätigkeiten der Klasse zusammengetragen. Gemeinsam mit der Klassenlehrerin besprechen sie das Layout und welche Daten veröffentlicht werden dürfen. Beschreiben Sie, inwiefern die folgenden Gesetze beachtet werden müssen:

Datenschutz

Regelung:

Schutzrechte Betroffener:

Urheberrecht

Regelung:

Arbeitsblatt 3 — Informationen beschaffen, bewerten, aufbereiten, präsentieren und ordnen

Informationen aufbereiten

Frau Schumacher ist begeistert. Sie hat bei einer Internetrecherche wertvolle Informationen gefunden. Das Recherchieren im Internet macht Frau Schumacher keine Probleme mehr; die gefundenen Informationen weiterzuverarbeiten, dies bereitet ihr allerdings noch Schwierigkeiten. Deshalb hilft ihr Ralf, ein Computerfreak:

Einzelne Bilder sollen heruntergeladen und in eine Word-Datei eingebunden werden.

⬇

_____
_____
_____

Gepackte Dateien werden zum Herunterladen angeboten.

⬇

_____
_____
_____
_____
_____
_____
_____

Gefundene PDF-Dateien sollen ausgedruckt werden.

⬇

_____
_____
_____
_____
_____

© Copyright 2009: Bildungsverlag EINS GmbH

Informationen beschaffen, bewerten, aufbereiten, präsentieren und ordnen Arbeitsblatt 4

Konstanze hat im Fach Geografie eine PowerPoint-Präsentation über Mexiko erstellt, die sie in der Klasse präsentieren soll und die von der Lehrerin entsprechend bewertet wird. Geben Sie Konstanze Tipps für die Gestaltung der Folien sowie für die rhetorische Gestaltung ihres Vortrags.

Gestaltung der Folien

Rhetorik

CD – Kommunikations- und Präsentationstechniken:
- Das magische Dreieck einer erfolgreichen Präsentation
- Präsentationsfaktoren

Arbeitsblatt 5 — *Informationen beschaffen, bewerten, aufbereiten, präsentieren und ordnen*

1. Vervollständigen Sie die Tabelle, indem Sie die entsprechenden Ordnungssysteme und/oder Beispiele eintragen.

Ordnungsmerkmale			

2. Welche Regeln für die Buchstabenfolge sind beim Ordnen folgender Familiennamen angewandt worden?

Bach	Rabe	Sander	Tauscher
Becker	Reger	Scherer	Ullrich
Birk	Reich	Schubert	Vogel
Bogner	Reichert	Stark	Wagner
Bucher	Reusch	Starke	Zirk

- _____
- _____

Schriftgut richtig zu ordnen, ist gar nicht so einfach. Das merkte Sandra im ersten Ausbildungsjahr zur Bürokauffrau. Denn sie suchte sehr lange, als ihr Chef sie bat, ein Schriftstück herauszusuchen, das falsch abgelegt war. Mittlerweile beherrscht sie die Regeln nach DIN und zeigt der neuen Auszubildenden, wie sie folgende Schriftstücke ordnen muss.

| **Nummerieren Sie in der richtigen Reihenfolge.** | **Bilden Sie die Regel.** |

1. Fall

	Merklinger
	Mertes
	Merkel
	Merck
	Merten
	Mertz
	Merk
	Merkl
	Merkle

2. Fall

	Gräf
	Gräb
	Graeber
	Gräbel
	Grade
	Graefe

3. Fall

	Übel, Hugo
	Weßler, Elena
	Wessler, Katharina
	Öcker, Simone
	Äckerle, Andrea
	Oeckerle, Cornelia
	Aeckerle, Brigitte
	Uebel, Kerstin

4. Fall

	Öcker, Sven
	Äckerle, Stefan
	Oecker, Sven
	Aeckerle, Stefan

5. Fall

	Maier, Geschw.
	Maier, Alfred
	Maier, Gebr.
	Maier, Heinz
	Maier, Gerlinde

6. Fall

	Wackenheim, Maria, Gräfin von
	Wackenheim, Hugo, Fürst von
	Wackenheim, Andrea von
	Wackenheim, Paul, Dipl.-Kfm.
	Wackenheim, Leo, Studienrat
	Wackenheim, Kevin, Prof.

Informationen beschaffen, bewerten, aufbereiten, präsentieren und ordnen Arbeitsblatt 6/3

7. Fall

	Alka
	Alka, Konrad, Stuttgart, Königsstraße 48, Rechtsanwalt
	Alka, F.
	Alka, Konrad, Stuttgart, Königsstraße 48
	Alka, Konrad, Stuttgart, Jahnstraße
	Alka, Konrad, Böblingen
	Alka, Fritz
	Alka, Konrad, Stuttgart, Königsstraße

⇩

_____
_____
_____
_____
_____
_____
_____
_____

8. Fall

	Hesse-Jung, Sarah
	Hesse-Kemp
	Hesse-Kemp, Andrea
	Hesse, B.
	Hessekessel, Karin
	Hesse-Kemp, Björn
	Hesse, Conrad

⇨

_____
_____
_____
_____

Arbeitsblatt 7/1 — Informationen beschaffen, bewerten, aufbereiten, präsentieren und ordnen

Was für Personennamen gilt, trifft auch auf Firmenbezeichnungen, Hotelnamen, Namen von Organisationen usw. zu. Auch in diesem Fall gelten die Regeln nach DIN.

Nummerieren Sie in der richtigen Reihenfolge.

Bilden Sie die Regel.

1. Fall

	Dynamic Trade GmbH
	AOK Backnang
	Creditreform Berlin
	Am Schönen See (Gaststätte)
	Dynamic Marketing
	CTB Werbeagentur
	Création Mademoiselle
	ADAC Stuttgart

2. Fall

	Spedition Berthold Maier
	Spedition A. Braun
	Spedition Stephan
	Spedition E. Conrad

Informationen beschaffen, bewerten, aufbereiten, präsentieren und ordnen Arbeitsblatt 7/2

3. Fall

	Schlosspark-Hotel-Bonn
	Max-Planck-Institut
	Modehaus Zwick
	Mode-Boutique Sommer
	Mode-Ellermann
	Schlosspark-Hotel-Köln
	Mode-Domspitz
	Mayer-König GmbH

4. Fall

	Merkur-Zeitung
	Das Diakonische Werk
	Merkur'sche Versicherung
	Botschaft der Elfenbeinküste
	Bundesanstalt für Getreideverarbeitung
	Botschaft von Somalia
	Bundesverband für den Güterverkehr
	Bundesverband der Fischwirtschaft
	Der Rote Ring
	Petra Moden
	Botschaft von China
	Botschaft von Jamaika
	Petra's Modeboutique

Arbeitsblatt 8 — Informationen beschaffen, bewerten, aufbereiten, präsentieren und ordnen

Ordnen Sie folgende Personen- und Firmennamen nach den ABC-Regeln (DIN 5007):

1.

Emil Bauer
Baur & Co.
BBC
Albert Bauer
Bäuerle & Schneider
Bauer & Schmied
Brigitte Bauer-Hofer
Paula Baur
Baur GmbH
Werner Bär
Dr. Otto Baur
Bertram Bauer
Gebr. Bauer
Peter Bauer

2.

Alpine Maschinen AG
Horst Abele
Gerh. Deutscher
Willy Deusch
Bernd Amann
Allgemeiner Deutscher Schachclub
M. Deutschle
Allgemeine Elektrizitätsversorgung
Oliver Bucher
Deutscher & Bertele
Amann & Co.
Manuela Büchele
Allgemeines Deutsches Modezentrum
Gerold Deuschle
H. Abele
Allgemeine Elektrizitäts GmbH
Deutz & Söhne
Albert-Hoffmann-Museum
Roman Budermann
Allgemeine Deutsche Zeitung
Maria Deutschfromm
Erwin Allwende
Horst Georg Abele
Klaus Deutschle
Erika Dettmar
Deutsche Bahn AG
ADAC

8 Informationen verwalten

Ordnung am Arbeitsplatz

Schaffen Sie an Ihrem Arbeitsplatz Ordnung. Gehen Sie dabei wie folgt vor:

1. Räumen Sie Ihren Schreibtisch komplett aus.

2. Verbannen Sie alle **nutzlosen Gegenstände** (z. B. Kugelschreiber, die nicht mehr schreiben; nicht mehr benötigtes Büromaterial) aus Ihrem Schreibtisch und den Aktenschränken.

3. Sammeln Sie überflüssiges Büromaterial an einem **zentralen Ort der Übungsfirma**.

4. Überlegen Sie sich eine **sinnvolle Anordnung für die verbleibenden Arbeitsmittel und Büromaterialien** unter der Berücksichtigung folgender Kriterien: Verfügbarkeit, Übersichtlichkeit und Zugriffszeit. **Machen Sie sich die neue Anordnung zur Regel!**

5. Dokumentieren Sie die Durchführung.

_____
_____
_____
_____
_____
_____

6. Präsentieren Sie Ihr Ergebnis.

7. Diskutieren Sie das Ergebnis mit Ihren Mitschülerinnen und Mitschülern und arbeiten Sie gegebenenfalls Verbesserungsvorschläge ein.

_____
_____
_____
_____
_____

Arbeitsblatt 2/1 — *Informationen verwalten*

In Ihrer Firma werden verschiedene Maßnahmen getroffen, um die Papierflut am Arbeitsplatz einzudämmen und die Suchzeiten nach Unterlagen zu verkürzen. Als erster Schritt wird an jedem Arbeitsplatz ein effizientes Wiedervorlagesystem eingeführt.

Beschreiben Sie, wie eine Wiedervorlagemappe aufgebaut ist.

1.

_____
_____
_____
_____
_____
_____
_____
_____
_____

Erläutern Sie den Einsatz einer Wiedervorlagemappe an einem Beispiel.

2.

_____
_____
_____
_____
_____
_____
_____
_____
_____
_____

Informationen verwalten — *Arbeitsblatt 2/2*

3. Welches Problem kann im Umgang mit einer Wiedervorlagemappe entstehen?

4. Wie lösen Sie dieses Problem?

Registratur I

1. Ergänzen Sie die Tabelle mit einer kurzen Definition der Wertigkeitsstufe und führen Sie jeweils einige Beispiele an.

Wertigkeit	Definition	Beispiele
Tageswert		
Prüfwert		
Gesetzeswert		
Dauerwert		

2. Im Ablagekorb der Firma Schneider & Co. liegen folgende Schriftstücke. Ordnen Sie die Schriftstücke den richtigen Wertstufen zu und tragen Sie die entsprechenden Aufbewahrungsfristen ein.

Schriftstücke	Wertstufe	Aufbewahrungsfrist
Werbebrief einer Softwarefirma		
Rechnung der Fa. Buchner		
Angebot, über dessen Annahme noch nicht entschieden wurde		
Eröffnungsbilanz		
Vertrag über Firmengründung		

Informationen verwalten   *Arbeitsblatt 3/2*

Schriftstücke	Wertstufe	Aufbewahrungsfrist
Bestellung eines Computers auf ein Angebot der Fa. Kolb		
Einladung zu einer Tagung		
Hausmitteilung über den geplanten Betriebsausflug		
Lieferschein der Fa. Kunze		
Patentunterlagen		
Prospekt über Büromöbel (ein Kauf kommt zurzeit nicht infrage)		

3. Sonja stellt fest, dass ihr Chef einige Schriftstücke in der Ablage liegen hat, die laut Gesetzgeber nicht aufbewahrt werden müssen.

___

___

___

Arbeitsblatt 4/1 — *Informationen verwalten*

 Registratur II

Ordnen Sie die abgebildeten Aufbewahrungsbeispiele folgenden Schriftgutbehältern zu: **Aktendeckel, Mappen, Ordner, Sichthüllen, Schachteln, Hefter, Sammler, Taschen.** Tragen Sie diese acht Begriffe in die erste Spalte ein.

1.

Schreiben Sie unter die abgebildeten Schriftgutbehälter (zweite Spalte) deren genaue Bezeichnung.

2.

Schriftgut-behälter	Aufbewahrungs-beispiele	Schriftgut-behälter	Aufbewahrungs-beispiele

Informationen verwalten — Arbeitsblatt 4/2

Schriftgut-behälter	Aufbewahrungs-beispiele	Schriftgut-behälter	Aufbewahrungs-beispiele

3. Sie wollen Ihren Arbeitsplatz in Zukunft besser organisieren. Welche Schriftgutbehälter könnten Ihnen dabei helfen?

_____

_____

_____

Arbeitsblatt 5 — Informationen verwalten

Registratur III

1.

Welche Registraturform ist jeweils abgebildet?

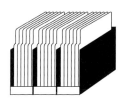

_____

_____

_____

_____

Die oben abgebildeten Registraturformen kommen jeweils für bestimmte Einsatzmöglichkeiten infrage. Ergänzen Sie in der folgenden Tabelle die infrage kommenden Registraturformen und die dafür geeigneten Schriftgutbehälter.

2.

Einsatzmöglichkeiten	Registraturform	Schriftgutbehälter
Große Mengen dünner Einzelakten		
Zwischenablage für noch nicht abgeschlossene Vorgänge		
Für umfangreiche Sammelakten		

Ihre Firma möchte wissen, was ihre Schriftgutablage kostet. Woraus errechnen sich die Gesamtkosten?

3.

_____

_____

_____

Informationen verwalten — Arbeitsblatt 6

Speichermedien I
Überblick

1.
- Kopieren Sie diese Seite und schneiden Sie die Begriffe aus.
- Bringen Sie die Begriffe in ihre richtige Struktur.
- Kleben Sie diese festgelegte Struktur auf ein DIN-A4-Blatt.

Oder: Erstellen Sie die Grafik mithilfe Ihres PCs.

Jacket	Papier	Magnetspeicher
Schriftgut	Secure Digital (SD)	Rollfilm
		USB-Stick
Mikrofiche	Literatur	
	xD-Picture (xD)	Optische Speicher
CompactFlash (CF)	CD-R	Speichermedien
Mikrofilm	Digitale Speichermedien	Zeichnungen
DVD	Diskette	
Festplatte	Smart-Media-Karte	Magnetband
	Multimedia-Card	
CD-ROM		CD-RW

2. Bei der Auswahl eines geeigneten Speichermediums müssen Fragen hinsichtlich der zu speichernden Daten geklärt werden. Welche Kriterien sind dabei zu beachten?

_____
_____
_____
_____
_____

Arbeitsblatt 7 — *Informationen verwalten*

Speichermedien II

Für das Aufbewahren von Informationen stehen verschiedene Speichermedien zur Verfügung. Ergänzen Sie die praktische Anwendung.

1.

Art	Form	Praktische Anwendung
Magnet-speicher	1. Diskette	1.
	2. Festplatte	2.
Optische Speicher	1. CD-ROM/DVD	1.
	2. CD-R	2.
Mikrofilm	1. Rollfilm	1.
	2. Jacket	2.

Welche Vorteile bietet die DVD gegenüber der CD?

2.

Informationen verwalten — *Arbeitsblatt 8/1*

1. Seit dem 1. Januar 2002 gibt es auch vonseiten des Gesetzgebers einen Grund, Dokumenten-Management-Systeme einzuführen.

§	_____

2. Ergänzen Sie die fehlenden Begriffe:

Die meisten Informationen gelangen auf _____ in ein Unternehmen. Nur ein geringer

Teil, ungefähr _____, in _____ Form.

Mit DMS können _____ vermieden und eine _____

unterschiedlicher Daten realisiert werden.

3. Erklären Sie folgende Begriffe im Zusammenhang mit DMS:

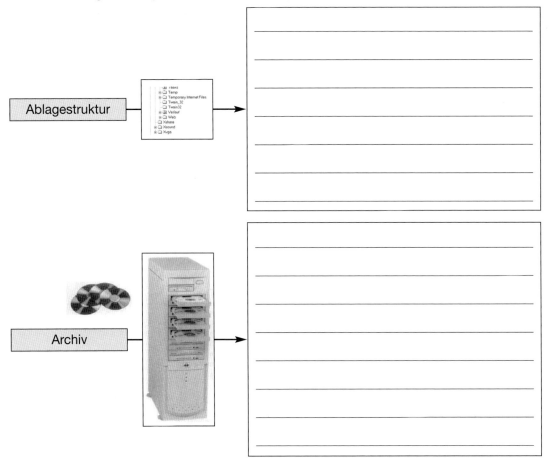

Arbeitsblatt 8/2   *Informationen verwalten*

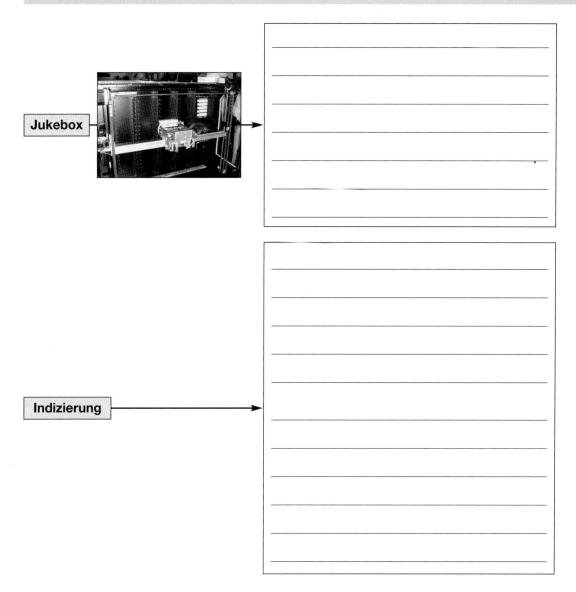

Informationen verwalten — Arbeitsblatt 9

Beschreiben Sie die vier Arbeitsschritte, die notwendig sind, um Dokumente in ein DMS aufzunehmen und zu verwalten.

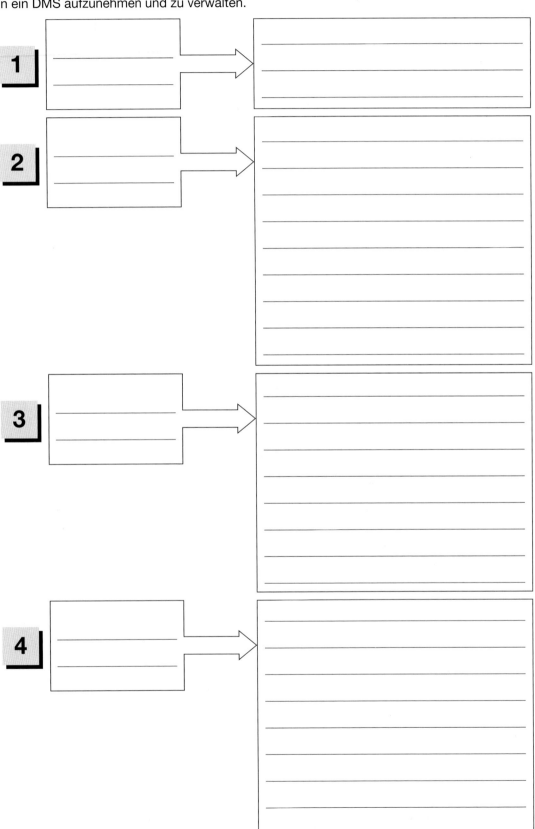

Arbeitsblatt 1/1   *Telekommunikation*

Telekommunikation

Für jedes Unternehmen ist der weltweite **Austausch von Nachrichten und Informationen** sowie die **Kommunikation mit Geschäftspartnern** von größter Wichtigkeit!

Welche Telekommunikationsnetze können in Deutschland genutzt werden?

1.

___

___

___

___

Unterscheiden Sie die Netzorganisationen nach der Entfernung.

2.

___

___

Nennen und erklären Sie die Vernetzungsmöglichkeiten für geschlossene Benutzergruppen.

3.

___

___

___

___

___

___

___

Welche Möglichkeiten bietet ein DSL-/ADSL-Modem?

4.

DSL-/ADSL-Modem

Telekommunikation *Arbeitsblatt 1/2*

5. Wie werden Sprache, Daten oder Bilder im ISDN/DSL übertragen?

6. In Ihrem Ausbildungsbetrieb nutzt man einen ISDN-Mehrgeräteanschluss. Welche Gründe könnten für diese Entscheidung ausschlaggebend gewesen sein?

7. Sie haben sich für einen Basisanschluss im ISDN entschieden. Welche Möglichkeiten ergeben sich daraus?

Arbeitsblatt 1/3 *Telekommunikation*

Nennen Sie die wichtigsten Leistungsmerkmale im ISDN.

8.

Standard-Leistungsmerkmale	Zusätzliche Leistungsmerkmale

Telekommunikation *Arbeitsblatt 2*

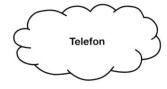

1. Sie suchen eine Telefonnummer im „Telefonbuch für Deutschland" und finden diese Eintragungen. Was bedeuten sie?

0800 4573281	
Tel/Fax	
0711 584-288	
0180 2 456321	

2. Ihr Kollege freut sich, dass viele Telefonnetzanbieter mit günstigen Tarifen genutzt werden können. Sie sind eher skeptisch. Bringen Sie Ihre Argumente vor.

3. Welche Möglichkeiten haben Sie, die unterschiedlichen Festnetzanbieter zu nutzen?

4. Sie haben für ein Gespräch von Hamburg nach München einen Anbieter ausgewählt. Erklären Sie, aus welchen Teilen sich die Nummer zusammensetzt.

010	19	089	123344

Wir lernen unsere Telekommunikationsanlage kennen.

Arbeitsanweisungen:

1. Informieren Sie sich über die Funktionen der TK-Anlage in Ihrem Ausbildungsbetrieb mithilfe der Gebrauchsanweisung. Sollte die Gebrauchsanweisung nicht auffindbar sein, dann beschaffen Sie sie über das Internet. Gehen Sie dazu auf die Internetseite des Herstellers. In der Regel werden im Bereich „Downloads" die Gebrauchsanleitungen aller Typen – auch ältere – zum Herunterladen als PDF-Datei angeboten.

2. Erstellen Sie ein **Informationsblatt** über die Tastenbelegung des Telefonapparates und geben Sie dem Informationsblatt einen treffenden Namen. Ist bereits ein Informationsblatt vorhanden, dann überprüfen Sie die Aktualität und Richtigkeit, indem Sie die Funktionen der Tasten ausprobieren.

3. **Laminieren** Sie die Übersicht und **positionieren** Sie diese an einem gut sichtbaren Platz am Telefon.

Notizen:

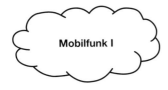

1. Arbeiten Sie mit einer Mitschülerin/einem Mitschüler zusammen.
2. Kopieren Sie diese Seite und schneiden Sie die Begriffe aus.
3. Bringen Sie die Begriffe in ihre richtige Struktur.
4. Kleben Sie diese festgelegte Struktur auf ein DIN-A4-Blatt.
5. Erklären Sie sich gegenseitig die Begriffe.

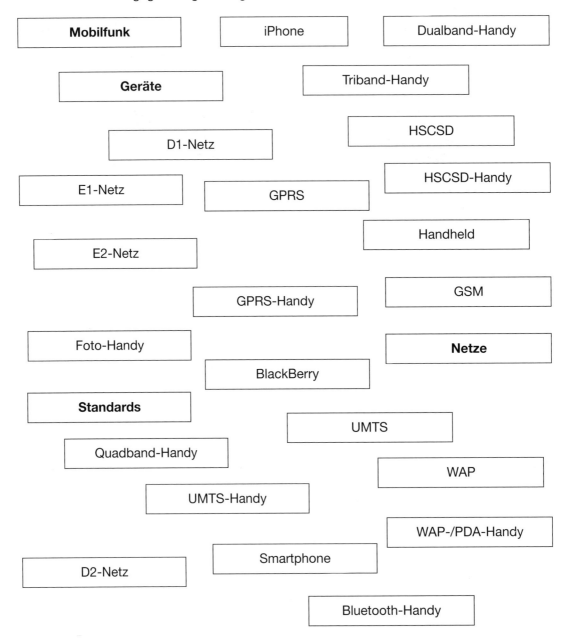

Mobilfunk II

Herr Reiner ist Außendienstmitarbeiter einer Computerfirma und war bisher über das Handy ständig erreichbar. Zurzeit gehen aber wichtige Informationen von Kunden und Herstellern per E-Mail ein. Über sein WAP-Handy ist der Zugriff möglich, aber umständlich. Deshalb denkt er darüber nach, ob der Kauf eines der unten aufgeführten Handys sein Problem lösen könnte.

1.

BlackBerry® 7290™   BlackBerry® 7100v™   Sony Ericsson P910i   Vodafone Personal Assistant III

___

Die Tochter von Herrn Reiner möchte mit einem neuen Handy den Push-to-Talk-Dienst nutzen. Ein wichtiges Argument soll ihren Vater überzeugen: Die monatlichen Telefongebühren können dadurch reduziert werden.

2.

- Erklären Sie den Begriff Push-to-Talk.
- Welcher bedeutsame Vorteil besteht gegenüber einem herkömmlichen Handy?

Kreuzworträtsel Mobilfunk

1. Stellt die Verbindung zwischen Mobilfunknetz und Funktelefon her und schützt vor Missbrauch.
2. Programmierbare Zeitabschaltung des Mobiltelefons.
3. Von wem wird das Mobilfunknetz unterhalten?
4. Name für Telefongesellschaften, die Funkkapazitäten bzw. Gesprächszeiten bei den Netzbetreibern einkaufen und als Großhändler nach eigenen Tarifmodellen anbieten.
5. Anderes Wort für Handy.
6. Standard, der über das Mobiltelefon einen problemlosen Internetzugang ermöglicht.
7. Funktechnik für drahtlose Kommunikation.
8. Kleinste Einheit des Funknetzes.
9. Tarifmodell für Mobiltelefone, bei dem keine monatliche Grundgebühr anfällt und die Telefongebühren von der im Voraus bezahlten Karte abgebucht werden.
10. Eingabe von Rufnummern während eines Gesprächs.
11. Welche Funktion erfüllt beim Handy der Akku?
12. Deutsche Bezeichnung für „Short Message Service", kurz SMS.

Lösungswort

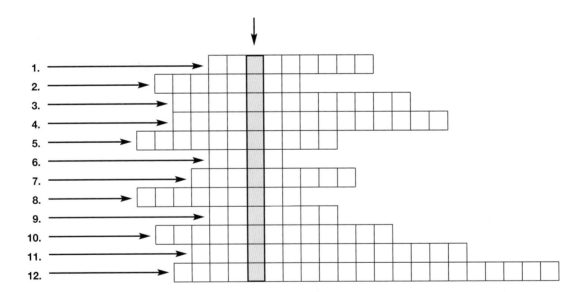

1. In Ihrem Unternehmen wird über die Nutzung der Internettelefonie nachgedacht, um die Telefonkosten zukünftig zu senken. Unter welchen Voraussetzungen ist dies möglich?

Technische Ausstattung:

2. Wie heißt die Technik, auf der die Internettelefonie basiert?

_____

_____

3. Welche Überlegungen muss Ihr Unternehmen bei einem Wechsel anstellen?

_____

_____

_____

_____

_____

4. Welche Gespräche sind kostenlos?

	Telefonate von Internet zu Internet
	Telefonate von Internet ins Festnetz
	Telefonate im Intranet
	Telefonate mit Gesprächspartnern beim gleichen Internetprovider

Telekommunikation | Arbeitsblatt 8

Vorbereiten und Führen von Telefongesprächen

CD – Kommunikations- und Präsentationstechniken: Grundlagen der Gesprächsführung

1. „Ein Wort ist wie ein Pfeil, der, einmal von der Sehne geschnellt, nicht zurückgehalten werden kann" (aus dem Arabischen). Was will das Sprichwort – auch in Bezug auf das Telefonieren – sagen?

_____
_____
_____

2. Matthias und Silke arbeiten seit Anfang des Schuljahres in der Übungsfirma ihrer Schule. Die Arbeit macht ihnen sehr viel Spaß. Besonders das Telefonieren. Wichtige Gespräche bereiten sie deshalb auch entsprechend vor.

_____
_____
_____
_____
_____
_____
_____
_____

3. Was kann Matthias nach/während eines wichtigen Gesprächs tun, damit auch die abwesende Silke über den Inhalt des Gesprächs informiert ist?

_____
_____
_____
_____

4. Silke beobachtet Matthias beim Telefonieren. Es fallen ihr einige Fehler auf, die er vermeiden könnte. Nennen Sie mindestens fünf typische Fehler beim Telefonieren.

_____
_____
_____
_____

Arbeitsblatt 9 — *Telekommunikation*

Wie melde ich mich am Telefon richtig?

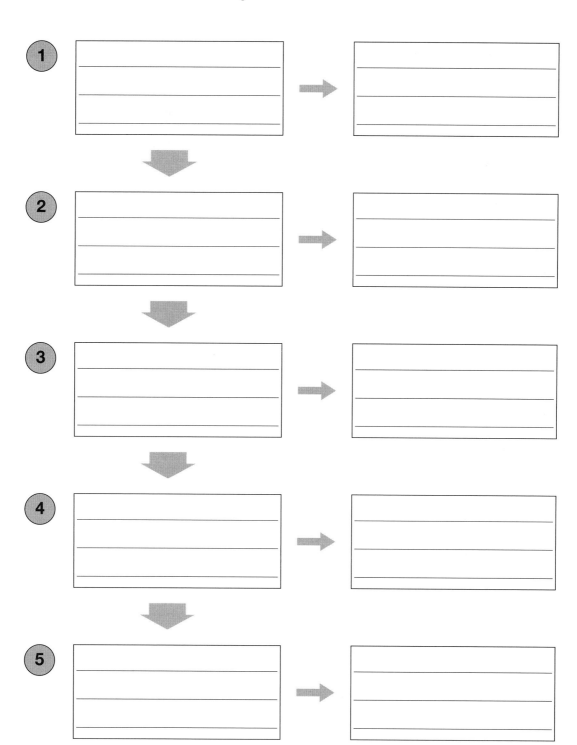

Telekommunikation — *Arbeitsblatt 10*

Wie gehe ich mit einem Kunden am Telefon um?

Sie sind nicht die richtige Ansprechpartnerin/der richtige Ansprechpartner?

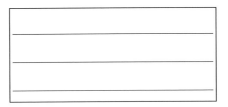

Wie beende ich ein Telefongespräch richtig?

Telekommunikation — Arbeitsblatt 12

1. Herr Niedermayer hat sich entschlossen, für seinen Handwerksbetrieb ein Telefaxgerät anzuschaffen. Welche Ausstattung benötigt er?

_____
_____
_____

2. Auch seine Kunden sollen wissen, dass er ab sofort per Telefax erreichbar ist. Welche Möglichkeiten hat er?

_____
_____
_____

3. Ergänzen Sie folgenden Text:

Die Zukunft gehört den kompakten Faxgeräten, die _____

_____ können. Über eine zweite Schnittstelle kann das Faxgerät mit dem _____ gekoppelt und _____ eingesetzt werden.

4. Die Firma Krause & Co. will neue Faxgeräte anschaffen. Welche Leistungsmerkmale gibt es?

_____
_____
_____

5. Die Kunden der Firma Krause erwarten, dass sie ständig über Neuerungen und Preise informiert werden. Die Mitarbeiter sind nicht mehr in der Lage, den großen Kundenstamm immer pünktlich per Fax zu informieren. Wie kann der Firma geholfen werden?

_____
_____
_____

© Copyright 2009: Bildungsverlag EINS GmbH

Arbeitsblatt 13 — *Telekommunikation*

Kreuzworträtsel Internet

1. Unternehmen, die den direkten Zugang zum Internet anbieten
2. Fachausdruck für elektronische Post
3. Einheitliche Dokumentensprache im Internet
4. Teilnehmer, die im Internet Dienste anbieten
5. Teilnehmer, die im Internet das Angebot nutzen
6. Die erste Seite einer Website im WWW
7. Knotenrechner, die lokale Netze verbinden
8. Einheitliche Sprache, die Computer unabhängig vom Hardwaresystem kommunizieren lässt
9. Verbindet den Computer mit dem Internet
10. Programme, die HTML-Dokumente im Empfänger-PC entschlüsseln können
11. Vorgang, bei dem Software direkt aus dem Internet auf einen Rechner geladen wird
12. Markierte Textteile oder Grafiken in der Homepage, die auf andere Dokumente verweisen
13. Ehemaliges Datennetz des amerikanischen Militärs, das in den späten 60er-Jahren entwickelt wurde

Lösungswort

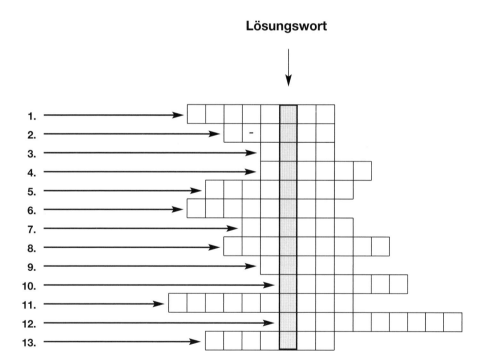

© Copyright 2009: Bildungsverlag EINS GmbH

Telekommunikation — *Arbeitsblatt 14*

Internet I

1. Welche Voraussetzungen müssen neben einem Computer gegeben sein, um das Internet zu nutzen?

2. Welche technischen Möglichkeiten gibt es, um ins Internet zu kommen?

3. Warum ist das World Wide Web für den Boom des Internets verantwortlich?

4. Was bedeuten die einzelnen Teile der Internetadresse?

http://www.ARD.de/ratgeber/geld_newsletter.asp

http	
www	
ARD.de	
/ratgeber/	
/geld_newsletter.asp	
https	

112 © Copyright 2009: Bildungsverlag EINS GmbH

Arbeitsblatt 15 *Telekommunikation*

1. Im WWW des Internets gibt es kein Inhaltsverzeichnis. Wie können Sie die gewünschten Informationen auf Millionen von Rechnern finden?

___

2. Wie arbeiten Suchmaschinen?

___

3. Nach welchen Suchprinzipien arbeiten die Suchmaschinen? Erklären Sie die Unterschiede.

___

4. Woran kann man eine E-Mail-Adresse erkennen?

___

5. Ergänzen Sie den Text.

Den Zugang zum Internet bekommt man über einen _____ . Die dazu nötige _____ wird meist kostenlos zur Verfügung gestellt. Die in Anspruch genommenen _____ müssen fast immer bezahlt werden. Provider können _____ oder auch _____ _____ und _____ sein.

1. Welche Google-Anwendung können Sie jeweils nutzen?

Sie wollen sich regelmäßig mit Neuigkeiten zu bestimmten Suchbegriffen informieren lassen.	
Für eine Geschäftsreise brauchen Sie eine genaue Routenberechnung.	
Zu speziellen Computerproblemen wollen Sie sich mit Gleichgesinnten austauschen.	
Sie suchen einen günstigen Anbieter für Büromaterialien.	
Sie suchen einen aktuellen Zeitungsbericht über Ihre Firma.	

2. Ihre Firma will zukünftig Newsletter an Kunden verschicken. Nennen Sie die Merkmale eines Newsletters.

3. Was bedeutet RSS?

Arbeitsblatt 17 — *Telekommunikation*

Informations-Service

Was verstehen Sie unter folgenden Begriffen?

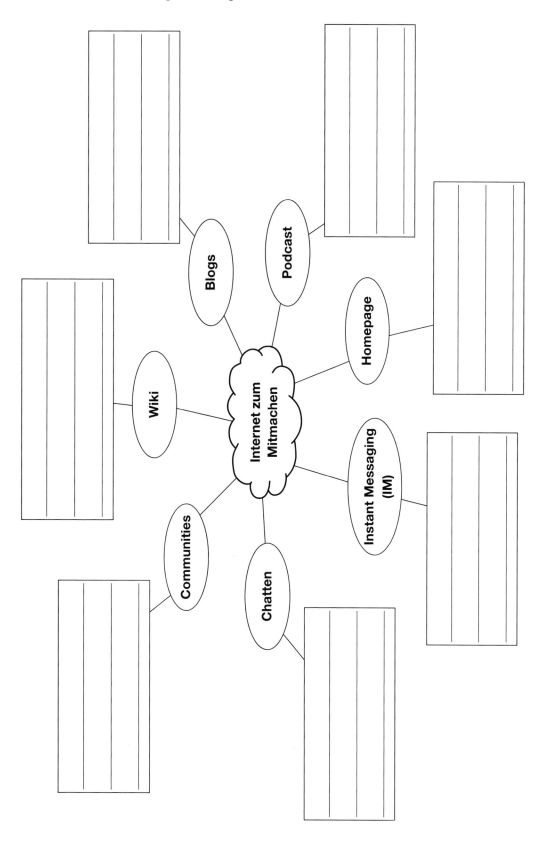

Telekommunikation Arbeitsblatt 18

E-Mail und Mailbox

1. Unterscheiden Sie die Begriffe E-Mail und Mailbox.

E-Mail →

Mailbox →

2. Welche Vor- und Nachteile hat E-Mail im Vergleich zu Telefax und Briefpost?

3. Welchen Schutz bietet ein personenbezogenes Mailbox-System?

Arbeitsblatt 19/1   *Telekommunikation*

1. Frau Maier ist Schatzmeisterin des Fördervereins der Schule, die ihre Tochter besucht. Sie möchte in Zukunft „Onlinebanking" nutzen, um Zeit zu sparen. Welche Bankgeschäfte kann Frau Maier von zu Hause aus tätigen?

2. Frau Maier kann bei T-Online zwischen einem offenen und einem geschlossenen System wählen. Erklären Sie die beiden Begriffe.

Offenes T-Online-System	➩	
Geschlossenes T-Online-System	➩	

Telekommunikation Arbeitsblatt 19/2

3. Welche Sicherheit bietet das Onlinebanking von T-Online?

4. Was kann der Einzelne zur Sicherheit beitragen?

Arbeitsblatt 20/1   *Telekommunikation*

1. Die Großhandlung Neumann & Sohl beabsichtigt, einen Webshop einzurichten. Welche Kriterien gewährleisten einen benutzerfreundlichen Webshop?

2. Welche Regelungen werden durch das Fernabsatzgesetz zum Schutz der Verbraucher getroffen?

Telekommunikation — *Arbeitsblatt 20/2*

3. Welche Zahlungsmöglichkeiten können im Internet genutzt werden?

per _____	
per _____	
per _____	
per _____	
per _____	
per _____	

120 © Copyright 2009: Bildungsverlag EINS GmbH

Arbeitsblatt 21 — *Telekommunikation*

Erklären Sie folgende Begriffe:

CBT ▶ _____

WBT ▶ _____

Die Firma ABC möchte ihre Mitarbeiterinnen und Mitarbeiter im Umgang mit einem Tabellenkalkulationsprogramm schulen. Dabei will sie Kosten einsparen und einen Kurs im Internet buchen. Das Kursangebot im Internet ist groß. Wie kann der geeignetste Kurs gefunden werden?

- _____
- _____
- _____
- _____
- _____
- _____

Telekommunikation   Arbeitsblatt 22

1. Viele Internetnutzer haben Bedenken bezüglich der Sicherheit. Deshalb haben sich in den letzten Jahren einige Verfahren entwickelt, die einen höheren Schutz gewährleisten sollen:

2. Herr Martin möchte seine E-Mail-Korrespondenz vor Dritten schützen. Welche Möglichkeiten hat er?

Arbeitsblatt 23   *Telekommunikation*

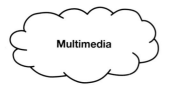

1. Welche Gesetze schaffen die Voraussetzungen für Multimedia?

2. Nennen Sie mindestens drei Anwendungsbeispiele von Multimedia.

3. Das Multimediagesetz trägt dazu bei, dass Verbraucher-, Daten- und Jugendschutz gewährleistet sind. Erläutern Sie diese Aussage.

Verbraucherschutz	Datenschutz	Jugendschutz

10 Veranstaltungen

Veranstaltungen I

1. Welche Veranstaltungsart kommt infrage?

Frau Maier, Abteilungsleiterin, trifft sich mit ihren Mitarbeiterinnen und Mitarbeitern jeden Freitagnachmittag zum Gedankenaustausch.	
Die Vorstandsmitglieder des Fördervereins Ihrer Schule treffen sich zweimal im Jahr.	
Die Firma Schulte plant, ihre Mitarbeiterinnen und Mitarbeiter in die neuen Techniken von Multimedia einzuweisen.	

2. Herr Sommer, Verkaufsdirektor, hat für nächste Woche eine Besprechung mit seinen Abteilungsleiterinnen/Abteilungsleitern geplant. Es geht darum, wie in Zukunft der Umsatz im Bereich Mobilfunk gesteigert werden kann. Frau Freitag, seine Sekretärin, soll die Sitzung vorbereiten. Herr Sommer arbeitet bei Besprechungen gerne mit der Moderationsmethode.

Arbeitsblatt 2 — Veranstaltungen

 Veranstaltungen II

1. Frau Gerstner hat von der Möglichkeit gehört, Videokonferenzen über den PC abzuhalten. Welche Zusatzausstattung für den PC benötigt sie für die Videokommunikation und mit welchen Argumenten kann sie ihren Chef vom Einsatz dieser Technik überzeugen?

Ausstattung	Argumente für die Videokommunikation

2. Frau Senne ist Vorstandsvorsitzende einer großen Organisation. Im kommenden Jahr soll eine Fachtagung durchgeführt werden, an der ungefähr 50 Personen aus ganz Europa teilnehmen. Frau Winne, die Chefsekretärin, ist für die Organisation und Durchführung verantwortlich. Das Thema ist noch offen. Welche Vorbereitungen wird Frau Winne im Vorfeld treffen?

3. Frau Winne plant die Ausstattung des Tagungsraumes. Einige Referenten benötigen für ihren Vortrag eine Panaboard und ein Flipchart. Die neue Kollegin von Frau Winne kann mit diesen Begriffen nichts anfangen. Helfen Sie ihr.

11 Geschäftsreisen

Reisen mit Bahn und Flugzeug I

1. Sie sind in Ihrer Firma für die Vor- und Nachbereitung von Geschäftsreisen verantwortlich. Unter anderem müssen Sie für die Mitarbeiter, die die Deutsche Bahn AG nutzen, die entsprechenden Zugverbindungen zusammenstellen. Welche Hilfsmittel oder Auskunftssysteme stehen Ihnen zur Verfügung?

_____
_____
_____
_____
_____

2. Tragen Sie in die Tabelle die Namen der entsprechenden deutschen und ausländischen Flughäfen ein:

Deutsche Flughäfen		Ausländische Flughäfen	
Frankfurt		London	
Berlin		Paris	
München		Rom	
Hamburg		New York	

3. Bei Flugreisen ins Ausland müssen Sie die Flugtickets besorgen und die entsprechenden Ab- und Ankunftszeiten feststellen. Welche Gesichtspunkte sollten Sie bei Ihren Vorbereitungen noch in Betracht ziehen?

_____
_____
_____
_____
_____

Arbeitsblatt 2 — *Geschäftsreisen*

 Reisen mit Bahn und Flugzeug II

Vergleichen Sie die Verkehrsmittel Pkw, Bahn und Flugzeug hinsichtlich ihrer Vor- und Nachteile.

Verkehrsmittel	Vorteile	Nachteile
Pkw		
Bahn		
Flugzeug		

© Copyright 2009: Bildungsverlag EINS GmbH

Reisekosten

Ergänzen Sie in der Tabelle die Angaben zu den abzugsfähigen Reisekosten.

Fahrtkosten	Verpflegungsmehraufwendungen	Übernachtungskosten	Nebenkosten
Bei Fahrten mit dem eigenen Pkw wird eine Pauschale von _____ EUR pro gefahrenen km vergütet. Bei Benutzung eines firmeneigenen Pkws sind für die Abrechnung die _____ vorzulegen. Das Fahrtenbuch muss folgende Angaben enthalten: _____ _____ _____ _____ _____ _____ _____ Bei Fahrten mit öffentlichen Verkehrsmitteln sind folgende Belege vorzulegen: _____ _____	Diese Aufwendungen können nur noch _____ abgerechnet werden. Die Höhe der Vergütung ist abhängig von: _____ _____ _____ _____ _____ Bei Inlandsreisen werden folgende Pauschalen vergütet (Stunden und EUR-Beträge): _____ _____ _____ _____ _____	Erstattet wird bei Inlandsreisen in der Regel die _____ _____ Ist das Frühstück in der Hotelrechnung enthalten, wird der Gesamtpreis bei Inlandsreisen um _____ , bei Auslandsreisen um _____ gekürzt.	Folgende Nebenkosten können geltend gemacht werden: _____ _____ _____ _____ _____ _____ _____

Arbeitsblatt 1 *Protokoll*

Protokoll

12

Sie (Karin Rühling) sind Sekretärin bei Herrn Kühn, der heute, am 20. Mai, den ganzen Tag geschäftlich unterwegs ist. Gegen 11:00 Uhr ruft Herr Färber von der Firma Gärtner KG, Düsseldorf, an (seine Telefonnummer: 221224). Herr Färber benötigt bis morgen Mittag eine verbindliche Antwort auf folgende Frage: Bis wann können 60 m Baumwollstoff der Marke „Kärnten" geliefert werden? Ferner möchte er den Preis und evtl. die Konditionen genannt haben.

Da Sie morgen Urlaub haben, hinterlegen Sie Ihrem Chef eine Gesprächsnotiz.

Gesprächsnotiz

| telefonisch | persönlich | Datum |

Firma

Abteilung, Name

| in | Telefon |

Zur Erledigung an Herrn

Betreff

Aufgenommen von

Wie erledigt? Was ist zu veranlassen?

© Copyright 2009: Bildungsverlag EINS GmbH